Tortenschlank

Anita Thomas
olles *Himmelsglitzerdings*

Tortenschlank

Erfolgreich abnehmen mit Brot & Torte

Fotografie: Ralf Niemzig
Foodstyling: Alex Maus

CHRISTIAN

Inhalt

Vorwort

GRUNDZUTAT: LIEBE

Als ich noch klein war, hat meine Mama schon immer zu mir gesagt: »Egal, was du machst, mach es mit Liebe. Auch und ganz besonders in der Küche und vor allem beim Backen. Liebe ist immer die wichtigste Zutat. Am Ende fragt niemand danach, wie einfach oder kompliziert eine Torte war – die Hauptsache ist, dass sie schmeckt. Und das gelingt am besten, wenn man mit dem Herzen dabei ist.«

SCHLEMMEN MIT LCHF

Schon immer habe ich gern gebacken und noch lieber gegessen. Schon immer habe ich deswegen mit starkem Übergewicht zu kämpfen gehabt. Diäten haben mein Gewicht immer nur kurzfristig reduziert – durch den nahezu unvermeidlichen Jo-Jo-Effekt nahm ich dafür stetig immer mehr zu. Irgendwann habe ich aufgegeben und mich entspannt. So habe ich zwar nicht ab-, aber zumindest auch fast zehn Jahre nicht mehr zugenommen. Bis ich dann vor zweieinhalb Jahren meine Ernährung auf Low Carb High Fat (LCHF) umgestellt habe – und plötzlich purzelten die Pfunde. Langsam und stetig, und das Beste daran: endlich dauerhaft!
Ich schlemme, esse Kuchen, Torten und andere Leckereien, und trotzdem geht es mit dem Gewicht weiter abwärts. Mein Endziel ist noch lange nicht erreicht, aber 33 Kilo sind mittlerweile verschwunden, und ich bin glücklich wie nie zuvor.

KOSTBARE KLEINIGKEITEN

Ich merke an tausend kleinen Dingen, wie viel wohler ich mich jetzt schon fühle. Im Flugzeug beispielsweise kann ich nun das Tablett problemlos herunterklappen. Im Café muss ich keine Angst mehr haben, dass mein Hintern nicht in einen Stuhl passt oder noch schlimmer: beim Aufstehen an dem Stuhl hängen bleibt. Ich kann mit meiner Tochter Kinderkarussell fahren – das ging früher nicht, da viele Fahrgeschäfte Gewichtsbegrenzungen haben. Ich bin in vielen Alltagssituationen ausdauernder und nicht mehr so schnell aus der Puste zu bringen. Auch kann ich jetzt meine Beine bequem übereinanderschlagen, im Sommer schwitze ich nicht mehr so sehr und ich habe eine viel größere Klamottenauswahl ... Das sind zwar alles nur Kleinigkeiten, aber jede einzelne davon ist für mich Gold wert.

MEINE UNTERSTÜTZER

Von meinen Freunden und meiner Familie habe ich viel Unterstützung erfahren. Nach anfänglicher Skepsis und vielen Fragen zu LCHF kam immer größeres Verständnis für meine Umstellung auf. Mittlerweile haben alle in meinem Umfeld meinen Ernährungsstil akzeptiert. Viele probieren die zuckerfreien Leckereien mit Begeisterung und sind immer wieder erstaunt, was man da so alles zaubern kann. Meine Tochter ist dabei die härteste Kritikerin und sagt ganz deutlich, was ihr schmeckt und was nicht. Sie isst sogar den zuckerfreien Kuchen total gerne. Mein Partner ist ein richtiger Spürhund beim Einkaufen, er schaut immer genau auf die Zutatenliste und bringt mir zuckerfreie Schokolade, Käsechips oder gesalzene Nüsse mit. ♥

KLEINE ZIELE

Die Umstellung habe ich mir so leicht wie möglich gemacht: Ich habe von Tag zu Tag geplant und mir keine langfristigen hochgehängten Ziele wie einen bestimmten Gewichtsverlust bis zum Tag X auferlegt. Ich wollte mich selbst nicht stressen. »Einfach mal« die Kohlenhydrate weglassen, auf Zucker verzichten und schauen, was passiert, ganz ohne Druck. Die ersten Tage ging es mir, ehrlich gesagt, nicht gut. Ich war auf »Entzug« – auf Zuckerentzug. Symptome wie Kopfschmerzen, Müdigkeit und Zittern waren ein paar Tage meine ständigen Begleiter. Es fühlte sich ähnlich an wie eine dicke Erkältung, nur ohne Husten und Schnupfen.

MEHR POWER

Nachdem das vorbei war, ging es aufwärts. Ich verspürte mehr Energie, weniger Müdigkeit, mehr Klarheit und auch keine Kopfschmerzen mehr. Der Preis, den ich für den Verzicht auf Kohlenhydrate zahle, ist im Vergleich zu dem Gewinn so gering, dass ich überhaupt keinen Appetit mehr darauf habe.

WIESO LCHF?

Der riesige Vorteil von LCHF liegt klar auf der Hand: Man ist lange satt und bringt seinen Stoffwechsel dauerhaft auf Touren. Warum ist das so?

Wenn man Kohlenhydrate aus Zuckerarten, Getreiden, Obst, stärkehaltigen Gemüsesorten und Hülsenfrüchten zu sich nimmt, steigt der Blutzuckerspiegel rasant an. Man fühlt sich wach und glücklich. Zumindest eine kurze Zeit lang, denn unser Körper schüttet sofort eine ordentliche Portion Insulin aus, um den Zucker im Blut umzuwandeln und als Energie in die Zellen zu transportieren. Der Blutzuckerspiegel fällt also wieder rapide ab und es meldet sich Appetit. Appetit wohlgemerkt, kein Hunger. Der Körper sehnt sich schon bald wieder nach dem nächsten »Zucker-Kick«, und nur allzuoft geben wir diesem Gefühl nach. Das ist der Teufelskreis des Glukosestoffwechsels.

FETT MACHT SATT

Genau dieses Auf und Ab kann man mit einer LCHF-Ernährung in den Griff bekommen. Stellt man seinem Körper hauptsächlich gute Fette und nur sehr wenige Kohlenhydrate zur Verfügung, bleibt ihm nichts anderes übrig, als genau diese Fette als Hauptenergielieferanten für seine Zellen zu benutzen. Die Rede ist vom sogenannten Fettstoffwechsel. Die Enzyme, die unser Körper dabei ausschüttet, sorgen dafür, dass wir uns nach Mahlzeiten länger satt fühlen, keine »Appetit-Attacken« bekommen und die aufgenommene Nahrung optimal verbrennen.

Einleitung

Die Umstellung

Ganz wichtig: Wer seine Ernährung auf LCHF umstellt, darf nicht am Fett sparen. Wenn man die Kohlenhydrate weglässt bzw. stark reduziert, braucht der Körper Fett, damit er zufrieden und glücklich seine Arbeit verrichten kann.
Keine Angst: Gutes Fett alleine macht nicht dick! Im Gegenteil – wenn die Mahlzeit genügend Fett enthält, isst man automatisch kleinere Portionen, außerdem hält fettreiches Essen viel länger satt.

SO GELINGT DER EINSTIEG

Damit die Umstellung in den ersten Tagen möglichst angenehm verläuft, habe ich im Folgenden fünf Vorschläge für einen Tagesplan aufgelistet. Die einzelnen Bausteine können auch ganz nach Belieben unter den Tagen getauscht werden. Damit der Körper sich den süßen Geschmack abgewöhnen kann, ist es wichtig, anfangs komplett auch auf alternative Süßungsmittel (wie z. B. Xylit und Erythrit) zu verzichten und auch von Natur aus süße Lebensmittel (Obst, Honig, Säfte etc.) zu ermeiden. Ganz wichtig ist auch gerade in der Anfangsphase ausreichendes Trinken, am besten Wasser und ungesüßte Kräutertees. Dadurch kann man auch Kopfschmerzen vorbeugen. Außerdem darf kräftig gewürzt werden, denn Salzmangel kann ebenfalls zu Entzugserscheinungen führen. Und mit aromatischen Gewürzen und frischen Kräutern schmeckt das Essen doch gleich doppelt so gut.

AUF DEN BAUCH HÖREN

Ich habe bei den Gerichten in den Tagesplänen bewusst auf Mengenangaben verzichtet. Es ist viel sinnvoller, sich nach seinem Hunger- und Sättigungsgefühl zu richten, als sich an bestimmte Gramm- oder Stückvorgaben zu halten. Viele Menschen müssen allerdings erst wieder lernen, wie es sich überhaupt anfühlt, Hunger zu haben oder satt zu sein. Häufig essen wir nicht aus Hunger, sondern weil wir eben gerade mit Kollegen in der Kantine sitzen, aus Appetit, oder weil es aus der Bäckerei nebenan so verlockend duftet. Aber mit ein wenig Übung und Aufmerksamkeit kann man sich wieder angewöhnen, möglichst dann zu essen, wenn man Hunger hat, und aufzuhören, wenn man satt ist. Nach und nach lernt man, auf seinen Körper zu hören und den Nachschlag abzulehnen, wenn man nicht mehr hungrig ist. Wenn man sich bei den drei Mahlzeiten richtig satt isst, benötigt man in der Regel keine Zwischenmahlzeit. Falls doch der Heißhunger aufkommt, kann eine kleine Handvoll Nüsse, gründlich gekaut, ihn besänftigen. Ansonsten hilft auch eine kleine Schale heißer Gemüseeintopf mit einem kräftigen Schuss Olivenöl.

Tag 1

FRÜHSTÜCK
Joghurt griechischer Art mit Blaubeeren und gehackten Walnusskernen

MITTAGESSEN
gemischter Blattsalat mit Thunfisch (aus der Dose), gekochtem Ei, Fetakäse und Oliven

ABENDESSEN
Steak mit Kräuterbutter, dazu Rosenkohl

Tag 2

FRÜHSTÜCK
Spiegeleier mit knusprig gebratenem Speck, dazu Salatgurke

MITTAGESSEN
Burger-Rolle (S. 70)

ABENDESSEN
gebratener Lachs mit gedünstetem Brokkoli und brauner Butter

Tag 3

FRÜHSTÜCK
Quarkbrötchen (S. 26) mit Camembert und Radieschen

MITTAGESSEN
Avocado mit Zitronensaft und körnigem Frischkäse, dazu gelbe Paprikastreifen

ABENDESSEN
gebratenes Gemüse wie z. B. Zucchini, Aubergine, gelbe und grüne Paprika in einer Sauce aus Kokosmilch und Curry

Tag 4

FRÜHSTÜCK
Erdnussbrot (S. 34) mit Butter und Blaubeeren

MITTAGESSEN
Omelett mit Käse und Frühlingszwiebeln, dazu Tomaten

ABENDESSEN
knuspriges Hühnchen mit Blumenkohlpüree

Tag 5

FRÜHSTÜCK
Sahnequark mit Himbeeren und einer kräftigen Prise Zimt

MITTAGESSEN
Haselnuss-Knusperbrot (S. 37) mit Frischkäse und Kohlrabischeiben

ABENDESSEN
Paprika-Quiche (S. 69)

CHEAT DAYS

Ein sogenannter Cheat Day ist ein regelmäßiger Tag in der Woche, an dem man all seine sinnvollen und vernünftigen Ernährungsregeln über Bord wirft und einfach isst, worauf man Lust hat. Das ist dann häufig besonders zucker- und kohlenhydrathaltiges Junk Food und davon auch meistens viel. Ich persönlich halte von diesen Cheat Days gar nichts.

Ich habe es anfangs einmal ausprobiert und fühlte mich am nächsten Morgen schrecklich. Ich war aufgequollen, hatte starke Kopfschmerzen und fühlte mich unglaublich träge. Der erneute »Zuckerentzug« ging dann zwar schneller, aber dennoch musste ich wieder durch. Ich kann von mir mit Gewissheit sagen: Ich war zuckersüchtig und bin jetzt »trocken«. Und statt mir zuckerhaltige Industrie-Süßigkeiten herbeizusehnen, backe ich mir meine Leckereien lieber selbst – ganz ohne Mehl und Zucker.

LCHF-Back-Basics

Anfangs ist es gar nicht so einfach, bei den LCHF-Zutaten den Durchblick zu bekommen. Das Schwierigste ist: Man kann nicht einfach ein »normales« Backrezept nehmen und z. B. Weizenmehl durch Mandelmehl ersetzen. Low-Carb-Mehle nehmen viel mehr Flüssigkeit auf, und ich musste mich erst langsam an die richtigen Mengenverhältnisse herantasten. Einige Teige habe ich viermal gebacken, bis sie endlich die gewünschte Konsistenz hatten.

Hier sind einige meiner Basics, die ich zum Backen nutze:

MANDELMEHL

Mandelmehl darf nicht mit gemahlenen Mandeln verwechselt werden. Es ist entölt und kann daher auch Flüssigkeit aufsaugen.

KOKOSMEHL

Auch diese Zutat sollte man nicht mit der gemahlenen oder geraspelten Version der Ursprungsfrucht verwechseln. Entöltes Kokosmehl ist noch saugfähiger als Mandelmehl und verleiht dem Teig sowohl Geschmack als auch eine gute Konsistenz. Bei einigen Rezepten kombiniere ich gerne beide Mehle miteinander.

FLOHSAMENSCHALEN

Flohsamenschalen sind die Samenschalen bestimmter Pflanzenarten, also pflanzliche Ballaststoffe. Sie haben eine sehr hohe

Quelleigenschaft – sie nehmen ein Vielfaches ihres Gewichts an Wasser auf – und binden vor allem Brotteige hervorragend.

GUARKERNMEHL

Guarkernmehl wird aus den Samen der Guarbohne gewonnen und ist ein geeigneter Ersatz für Stärke. Es bindet Kuchenteig und lässt Cremes und Puddings fester werden.

ERYTHRIT UND XYLIT

Das sind beides Süßungsmittel, die den Blutzuckerspiegel nur wenig beeinflussen. Das heißt, sie verursachen keine extremen Schwankungen und der Heißhunger bleibt aus. Außerdem sind sie sehr kalorienarm.

Erythrit fühlt sich kühl und leicht metallisch im Mund an, ein bisschen wie Eiskonfekt. Es ist super für die Zähne und gut verdaulich.

Xylit (auch genannt Birkenzucker) ist ebenfalls gut für die Zähne und dem Geschmack von Zucker am ähnlichsten. In größeren Mengen wirkt es jedoch abführend, vor allem bei den ersten Verwendungen.

Am liebsten mische ich Erythrit und Xylit im Verhältnis 1:1, so habe ich die besten Eigenschaften vereint und geschmacklich ist es top. Besonders hervorzuheben ist Erythrit gold (Rohrzuckerersatz aus Erythrit). Es schmeckt leicht nach Karamell und die metallische Eigenschaft kommt kaum durch – das ist mein Lieblingssüßungsmittel.

WEINSTEIN-BACKPULVER

Ich bevorzuge Backpulver ohne Phosphate – das ist bei Weinstein-Backpulver der Fall. Phosphate sind gesundheitlich umstritten und können schädlich sein. Außerdem hinterlässt Weinstein-Backpulver nicht dieses stumpfe Gefühl auf den Zähnen wie herkömmliches Backpulver.

WEIDEBUTTER

Bei Butter achte ich darauf, dass es sich um Bio- oder Weidebutter handelt. Ich liebe die Vorstellung, dass die Kühe einen großen Teil ihres Lebens auf der Weide verbringen und nicht nur im Stall stehen. Außerdem schmeckt die Butter auch einfach besser.

BIO-EIER

Ich kaufe nur Eier aus einer Haltung, in der die männlichen Küken weiterleben dürfen. Es gibt mittlerweile einige Produzenten, die nicht nur bio sind, sondern auch darauf achten, dass die Hühner-Jungs am Leben bleiben. Das finde ich nachhaltig und fair.

SAHNE OHNE ZUSÄTZE

Herkömmliche Sahne enthält in der Regel Stabilisatoren wie z. B. Carrageen, das dafür sorgt, dass die Sahne nicht aufrahmt. Bei Bio-Sahne wird auf diesen Zusatz verzichtet, und am Becherdeckel befindet sich eine köstliche Rahmschicht. Entweder den Becher vor dem Öffnen kräftig schütteln – oder die sahnige Creme einfach vom Deckel schlecken.

Mit diesen wenigen Grundzutaten lässt sich schon ein großer Teil meiner Rezepte nachbacken. Eier, Milch oder Sahne in Bio-Qualität gibt es mittlerweile in den meisten Supermärkten. Für die weiteren Backzutaten schaue ich im Drogeriemarkt, Bio-Supermarkt, Reformhaus oder bestelle sie in Online-Shops.

LCHF: Das darf auf den Teller

Natürlich esse ich nicht nur Backwaren. Ich koche viel selbst und verwende dabei zu einem großen Anteil folgende Lebensmittel:

GEMÜSE

kommt bei mir fast zu jeder Mahlzeit auf den Teller – und bis auf wenige Ausnahmen wie Mais ist da auch alles aus der großen bunten Gemüsepalette dabei. Ich liebe z. B. Blumenkohl, Brokkoli und Spaghettikürbis – der ist ein absoluter Traum. Sein Fruchtfleisch zerfällt nach dem Garen in nudelähnliche Fasern und schmeckt köstlich mit Bolognese oder als Auflauf. Bei Paprika esse ich am liebsten die grünen, dann die gelben und eher selten die roten Schoten. Rote Paprika enthält nämlich auch deutlich mehr Kohlenhydrate als die grüne. In der Saison kann ich auch Spargel absolut empfehlen, egal ob mit Sauce Hollandaise oder brauner Butter. Und mit Lachs oder Rührei sind die köstlichen Stangen immer ein tolles Gericht.

EIER

liebe ich in allen möglichen Variationen. Einem Omelett mit geschmolzenem Käse kann ich nur schwer widerstehen.

FISCH

esse ich sehr regelmäßig, gerne auch fette Sorten wie Lachs, Makrele oder Thunfisch. Bei Fisch achte ich ebenfalls auf die Herkunft: Ich versuche aus Wildfang zu kaufen, bei dem mit der Angel gefangen wird und keine Schleppnetze verwendet werden.

RIND- UND SCHWEINEFLEISCH

gibt es bei mir sogar mit Speckrand. Früher habe ich beim Steak das Fett immer liegen lassen, heute esse ich es mit Genuss. Ein Stück gegrilltes, knuspriges Bauchfleisch macht mich super satt und zufrieden.

GEFLÜGEL

schmeckt doch am besten mit der knusprigen Haut – ist erlaubt!

ÖL

kommt bei mir auch nicht zu kurz. Zum Braten nehme ich gern Kokosöl oder auch Olivenöl. Für kalte Gerichte wie Salate nehme ich Nussöl. Walnussöl z. B. hat ein besonders tolles Aroma.

KÄSE

liebe ich sowohl in der milden als auch in der kräftigen Variante. Einen leckeren Camembert habe ich immer im Kühlschrank. Eine Ecke davon mit etwas zuckerfreiem Fruchtaufstrich stillt in Notfällen aufkommenden Heißhunger.

MILCHPRODUKTE

verwende ich immer in der Vollfettstufe. Als Faustregel gilt: je fetthaltiger das Produkt, desto weniger Kohlenhydrate hat es und desto länger hält es satt. Ein Joghurt mit 10 % Fett schmeckt außerdem so viel cremiger als die fettarme Variante.

WASSER

aromatisiere ich gern mit Zitronenscheiben, Ingwer und Gurkenstückchen. Im Sommer sind tiefgekühlte Himbeeren und Minzeblätter im Wasser eine erfrischende Alternative.

TEE

kommt bei mir hauptsächlich als Kräutertee in die Kanne. Gelegentlich auch als grüner oder selten als schwarzer Tee.

KAFFEE

trinke ich gern mit Vollmilch oder pflanzlichen, ungesüßten Alternativen wie z. B. Mandel- oder Kokosmilch, aber ohne Zucker oder Süßstoff.

SNACKS

und kleine Zwischenmahlzeiten müssen manchmal auch sein. Wenn ich das Bedürfnis danach habe, dann greife ich (in Maßen) zu folgenden Lebensmitteln: Nüssen und Mandeln, Beeren aller Art, Schokolade mit mindestens 90 % Kakaoanteil. Manchmal bereite ich etwas stärkehaltigeres Gemüse wie Karotten und Brechbohnen zu.

GETRÄNKE

mit Süßungsmitteln (Light-Getränke) und Alkohol ohne Zuckerzusatz (trockener Wein/Sekt oder Wodka/Tequila) nehme ich auch eher selten zu mir.

LCHF: Das soll nicht auf den Teller

Und natürlich gibt es einige Lebensmittel, die nicht zu meinem LCHF-Speisplan gehören und denen ich weitestgehend aus dem Weg gehe:

- Zucker (auch Traubenzucker, Agavendicksaft, Honig etc.)
- Brot/Brötchen und andere Backwaren aus Getreide
- alle Getreideprodukte (Nudeln, Haferflocken, Müsli, Couscous usw.)
- Obst
- Reis
- Kartoffeln
- Hülsenfrüchte
- Mais
- Säfte (auch Schorlen)
- gezuckerte Getränke
- Bier

Stolperfallen

Es gibt viele Stolperfallen, wenn man seine Low-Carb-Regeln durchziehen möchte, gerade am Anfang: Einladungen zum Frühstück, Restaurantbesuche, Urlaube. Aber mit etwas Vorbereitung lassen sich auch diese Situationen gut meistern.

FRÜHSTÜCK AUSSER HAUS

Bin ich zum Frühstück in einem Café verabredet, nehme ich mir selbst gebackenes Brot bzw. Brötchen mit. Belag und Getränke bestelle ich dann einfach dazu. Freundlich bei der Bedienung Bescheid sagen, dass ich Unverträglichkeiten habe, dabei gab es bisher noch nie Probleme.

Wenn ich spontan frühstücken gehe, halten Tomaten- oder Gurkenscheiben prima als Brotersatz her. Einfach mit Wurst oder Käse belegen und ein extra Rührei mit Speck dazubestellen.

IM RESTAURANT

Im Restaurant bitte ich darum, Reis, Kartoffeln oder Nudeln wegzulassen und stattdessen gebratenes Gemüse oder einen Salat als Beilage zu bringen. Auch das lässt sich meist ganz unkompliziert umsetzen.

IN FERNEN LÄNDERN

Im Urlaub buche ich das Hotel wenn möglich mit Buffet, dann kann ich mir selbst das Passende aussuchen. Außerdem liebe ich es, im Ausland in fremden Supermärkten zu stöbern. Die Auswahl an zuckerfreien Produkten wird immer größer, da macht es richtig Spaß, mal etwas Neues auszuprobieren.

FESTE UND FEIERN

Zu Einladungen bei Freunden oder bei der Familie habe ich immer einen Low-Carb-Kuchen dabei. Fast alle, die bisher probiert haben, waren positiv überrascht. Bei meinen Rezepten schmeckt man kaum, dass sie zuckerfrei sind – wer es nicht weiß, dem wird es wahrscheinlich gar nicht auffallen.

CLEVER EINKAUFEN

Für den Einkauf braucht man anfangs etwas mehr Zeit. Unbedingt immer aufmerksam die Zutatenliste lesen, denn auch hinter folgenden Begriffen versteckt sich Zucker:

* Saccharose
* Dextrose
* Glukose
* Fruktose
* Maltodextrin

Ganz schön verwirrend. Aber keine Sorge, schon nach kurzer Zeit weiß man genau, was man kaufen kann, und entwickelt ein Gespür dafür. Am besten ist es sowieso, die Lebensmittel möglichst unverarbeitet zu kaufen – eine Zucchini hat keine Zutatenliste!

Noch ein paar persönliche Worte

Durch meine Umstellung auf LCHF hat sich viel verändert: Ich gehe positiver durchs Leben und fühle mich insgesamt deutlich wohler. Auch wenn es manchmal nicht so einfach ist, die Kohlenhydrate beim Backen wegzulassen, habe ich großen Spaß daran, in der Küche zu experimentieren. Und bevor ich nun ganz viel Freude beim Ausprobieren der Rezepte wünsche, verrate ich noch einen meiner liebsten Motivationssprüche:

»Egal wie alt du bist und egal wie weit du bist, du kannst jederzeit neu anfangen und glücklich werden.« ♥

Brötchen

Wolkenbrötchen

Wolkenbrötchen sind wohl »der« Klassiker aus der Low-Carb-Küche. Diese luftigen Brötchen kann man süß oder herzhaft belegen. Außerdem eignen sie sich hervorragend als Ersatz für Burger-Brötchen.

FÜR 6–8 STÜCK
Zubereitungszeit
15 Minuten plus
20–25 Minuten Backzeit

4 Eier

100 g Frischkäse (Doppelrahmstufe)

1 Prise Meersalz

1 TL gemahlene Flohsamenschalen

1. Den Backofen auf 160 °C vorheizen. Die Eier trennen, das Eiweiß sehr steif schlagen. Das Eigelb mit dem Frischkäse und dem Salz glatt rühren. Die Flohsamenschalen unterrühren und die Mischung kurz quellen lassen.
2. Den Eischnee behutsam unter die Eigelb-Frischkäse-Mischung heben. Mit einem Löffel kleine Portionen auf ein mit Backpapier ausgelegtes Backblech setzen.
3. Die Wolkenbrötchen im Ofen in 20–25 Minuten goldgelb backen. Die Brötchen gehen beim Backen stark auf, fallen jedoch nach dem Backen wieder etwas zusammen.

Käsebrötchen

Diese Käsebrötchen sind supersaftig und schön würzig. Sie sind als Beilage zu einem gemischten Salat genauso gut wie pur mit frischer Butter bestrichen. Wer mag, gibt zusätzlich eine ordentliche Prise Curry mit in den Teig. Dadurch werden die Brötchen goldgelb und bekommen eine ganz besondere Note.

FÜR 9 STÜCK
Zubereitungszeit
10 Minuten plus etwa
55 Minuten Backzeit

200 g körniger Frischkäse

50 g geriebener Gouda

50 g geriebener Cheddar oder Emmentaler

3 Eier

30 g Kokosmehl

15 g gemahlene Flohsamenschalen

1 Prise Fleur de Sel

1 kräftige Prise rosenscharfes Paprikapulver

1. Den Backofen auf 160 °C Umluft vorheizen.
   Alle Zutaten in eine Schüssel geben und mit einer Gabel gründlich verrühren.
2. Mit einem Esslöffel jeweils etwas Teig abnehmen und als Kugel auf ein mit Backpapier ausgelegtes Backblech setzen. So neun kleine Brötchen formen. Im Ofen auf der mittleren Schiene in etwa 55 Minuten goldbraun backen. Abkühlen lassen und genießen.

Quarkbrötchen

Diese Brötchen sind im Handumdrehen fertig und halten lange satt. Perfekt fürs Büro oder Sonntagsfrühstück.

FÜR 6 STÜCK
Zubereitungszeit
10 Minuten plus
50 Minuten Backzeit

250 g Sahnequark
3 Eier
80 g gemahlene Mandelkerne
30 g Mandelmehl
35 g Chiasamen
1/2 TL Salz
20 g gemahlene Flohsamenschalen
1 TL Weinstein-Backpulver
50 g Sesamsamen

1. Den Backofen auf 160 °C Umluft vorheizen. Alle Zutaten gründlich miteinander vermischen und mit feuchten Händen zu Brötchen formen.
2. Brötchen auf ein mit Backpapier belegtes Blech setzen und im Ofen auf der mittleren Schiene in etwa 50 Minuten goldgelb backen.

Karottenbrötchen

Diese Karottenbrötchen sind innen schön saftig und bekommen eine herrliche Kruste. Durch die geraspelten Karotten erhalten sie außerdem eine tolle Farbe. Ich liebe sie zum Sonntagsfrühstück, egal ob mit süßem oder herzhaftem Belag. Meine liebste Kombi darauf ist Butter mit einer Scheibe Käse und einem Klecks Erdbeerkonfitüre (S. 55). Unbedingt probieren!

FÜR 6 STÜCK
Zubereitungszeit
10 Minuten plus
10 Minuten Quellzeit und
50 Minuten Backzeit

1 kleine Karotte (ca. 50 g)

125 g Sahnequark

100 g gemahlene Mandelkerne

75 g geschroteter Leinsamen

3 Eier

2 TL Weinstein-Backpulver

1/2 TL Meersalz

5 g gemahlene Flohsamenschalen

25 g Sesamsamen, 10 g zum Bestreuen

1. Den Backofen auf 160 °C Umluft vorheizen. Die Karotte fein reiben. Alle Zutaten in eine Schüssel geben und mit dem Löffel zu einem dickflüssigen Teig verrühren. Etwa 10 Minuten quellen lassen.
2. Mit nassen Händen aus dem Teig sechs Brötchen formen und auf ein mit Backpapier ausgelegtes Backblech legen. Mit Sesam bestreuen. Im Ofen auf der mittleren Schiene in etwa 50 Minuten goldgelb backen. Aus dem Ofen nehmen und auf einem Gitter auskühlen lassen.

Tipp: Die Brötchen lassen sich auch wunderbar einfrieren.

Scones

Wie wäre es mit ein paar Scones zum Frühstück? Diese hier erinnern an buttrige Streusel mit Bitterschokolade – innen schön saftig und außen leicht knusprig. Außerdem sind sie nur leicht süß, sodass man sie auch mit Butter und etwas süßem Aufstrich genießen kann.

FÜR 8 STÜCK
Zubereitungszeit
15 Minuten plus
25 Minuten Backzeit

100 g Mandelmehl
25 g Kokosmehl
60 g Erythrit gold (alternativ halb Erythrit/halb Xylit)
1 TL Weinstein-Backpulver
1 Prise Fleur de Sel
1 Ei
60 g süße Sahne
50 g Bitterschokolade (mindestens 85 % Kakaoanteil)
25 g kalte Butter

1. Den Backofen auf 160 °C Umluft vorheizen. Mandelmehl, Kokosmehl, Erythrit und Backpulver trocken vermischen. Fleur de Sel, Ei und Sahne dazugeben und nur kurz verrühren. Die Schokolade hacken und zum Teig geben. Die Butter mit »spitzen Fingern« zu Flöckchen zupfen und kurz unterkneten. Es dürfen und sollen Butterstückchen zu sehen sein, der Teig ist bröselig.
2. Ein Backblech mit Backpapier auslegen und den Teig daraufgeben. Etwas zusammendrücken und mit den Fingern zu einem Kreis von etwa 25 cm Durchmesser drücken. Den Kreis in acht »Tortenstücke« schneiden und diese etwas auseinanderschieben. Die Scones im Ofen auf der mittleren Schiene in etwa 25 Minuten hellgolden backen.

Brot

Erdnussbrot

Dieses Erdnussbrot ist ein hervorragender Ersatz für das klassische Toastbrot. Es ist hell, fluffig und weich und schmeckt nur ganz leicht nach Erdnusskernen. Am besten genießt man es, wenn es vom Toasten noch warm ist und die Butter langsam darauf schmilzt.

FÜR 1 KASTENFORM (25 CM)
Zubereitungszeit
10 Minuten plus
1 Stunde Backzeit

6 Eier

350 g Erdnussmus

30 g gemahlene Mandelkerne

1 Pck. Weinstein-Backpulver

1/2 TL Fleur de Sel

30 g geröstete und gesalzene Erdnusskerne, gehackt

Butter für die Form

1. Den Backofen auf 160 °C Ober- und Unterhitze vorheizen. Die Eier in 3–4 Minuten mit einem Handmixer hellschaumig aufschlagen. Das Erdnussmus, die gemahlenen Mandelkerne, Backpulver und Fleur de Sel dazugeben und unterrühren.
2. Eine Kastenform gründlich fetten und die gehackten Erdnusskerne auf den Boden streuen. Den Teig einfüllen und im Backofen auf der mittleren Schiene etwa 1 Stunde backen.

Haselnuss-Knusperbrot

Die ganzen Haselnusskerne im Brot machen das Körnerbrot zu etwas Besonderem. Es ist schön knusprig und hat einen kernigen Biss. Durch die vielen Ballaststoffe hält es zudem sehr lange satt.

FÜR 1 BROT
Zubereitungszeit
10 Minuten plus
10 Minuten Quellzeit und
1 Stunde 20 Minuten Backzeit

100 g gemahlene Haselnusskerne

100 g Sonnenblumenkerne

50 g geschroteter Leinsamen

25 g gemahlene Flohsamenschalen

1/2 TL Salz

1/2 Pck. Weinstein-Backpulver

50 g ganze Haselnusskerne

1. Den Backofen auf 160 °C Umluft vorheizen. Alle Zutaten miteinander vermischen. Mit 210 ml Wasser verrühren und etwa 10 Minuten quellen lassen.
2. Den Teig zu einem runden Brotlaib formen und im Backofen 1 Stunde 20 Minuten backen.

Dreiecksbrot

Dieses kräftige Körnerbrot finde ich super, auch zum Mitnehmen für die Mittagspause. Herzhaft belegt mit Butter, Salat, Käse und 1 Handvoll Sprossen ist es alles andere als eine langweilige Stulle. Außerdem ist die dreieckige Form mal was anderes und macht richtig Lust aufs Broteschmieren.

FÜR 1 BROT
Zubereitungszeit
10 Minuten plus
10 Minuten Quellzeit und
1 Stunde 20 Minuten Backzeit

130 g gemahlene Haselnusskerne
50 g Sesamsamen
50 g Kürbiskerne
25 g gemahlene Flohsamenschalen
25 g geschroteter Leinsamen
1 Pck. Weinstein-Backpulver
1 TL Fleur de Sel
30 ml Olivenöl
20 g Sesamsamen zum Bestreuen

1. Den Backofen auf 160 °C Umluft vorheizen. Alle trockenen Zutaten gründlich vermischen. Olivenöl und 190 ml Wasser dazugeben und verrühren. Etwa 10 Minuten quellen lassen.
2. Den Teig zu einem lang gezogenen Dreieck formen und in Sesam wälzen. Im Ofen auf der mittleren Schiene 1 Stunde 20 Minuten backen. Das Brot abkühlen lassen und genießen.

Tipp: Mohnfans ersetzen die 50 g Sesamsamen im Teig durch je 25 g Sesam- und Mohnsamen und wälzen das Brot in 20 g Mohnsamen.

Urlaubsfeeling mal zwei

Diese beiden mediterran inspirierten Brote haben denselben Grundteig und sind superaromatisch. Sie schmecken wunderbar als Beilage zu Grillgemüse, Fleisch und Zaziki oder einfach pur.

FÜR JEWEILS 1 BROT
Zubereitungszeit
jeweils 20 Minuten
plus 50 Minuten Backzeit

GRUNDTEIG
50 g gemahlene Mandelkerne
25 g Kokosmehl
1 TL Weinstein-Backpulver
3 TL gemahlene Flohsamenschalen
1 Prise Salz
3 Eier
175 g Frischkäse (Doppelrahmstufe)
75 g geriebener Käse (z. B. Gouda oder Edamer)

FLADENBROT MIT GETROCKNETEN TOMATEN
7 getrocknete, in Öl eingelegte Tomaten
1 TL frisch gehacktes Basilikum
optional: 1 TL Chiliflocken
1 TL Fleur de Sel

OLIVENBROT
1 TL fein gehackter Knoblauch
je 1/2 TL frisch gehackter Oregano, Majoran und fein gehacktes Basilikum
80 g schwarze Oliven ohne Stein
1 TL Fleur de Sel
2–3 EL Olivenöl

1. Den Backofen auf 160 °C Ober- und Unterhitze vorheizen. Gemahlene Mandelkerne, Kokosmehl, Backpulver, Flohsamenschalen und Salz trocken verrühren. Eier und Frischkäse dazugeben und alles zu einem glatten Teig mixen. Den geriebenen Käse unterrühren.
2. Für das Fladenbrot die Tomaten abtropfen lassen, das Öl dabei auffangen. Tomaten grob hacken und mit dem Basilikum unter den Grundteig rühren. Wer es gerne scharf mag, gibt noch 1 TL Chiliflocken in den Teig.
3. Den Teig auf ein mit Backpapier ausgelegtes Backblech geben und zu einem Kreis mit etwa 25 cm Durchmesser verstreichen. Mit dem Fleur de Sel bestreuen. Mit einem Teelöffel kleine Mulden in den Teig drücken und diese mit 2–3 EL von dem Tomatenöl besprenkeln. Das Fladenbrot im Ofen auf der mittleren Schiene etwa 50 Minuten backen. Am besten noch leicht warm genießen.
4. Für das mediterrane Olivenbrot Knoblauch und Kräuter unter den Grundteig rühren. Den Teig auf ein mit Backpapier ausgelegtes Backblech geben und zu einem Kreis mit etwa 25 cm Durchmesser verstreichen. Die Oliven in den Teig drücken und das Fleur de Sel darüberstreuen. Mit einem Teelöffel kleine Mulden in den Teig drücken und das Olivenöl darübersprenkeln. Im Ofen auf der mittleren Schiene etwa 50 Minuten backen. Am besten schmeckt das Olivenbrot noch leicht warm.

Zupfbrot

Dieses Zupfbrot ist der Hit auf jeder Grillparty. Es passt hervorragend zu Bratwürstchen, Fleisch und gegrilltem Gemüse. Im Winter ist es der perfekte Begleiter zu Raclette oder Fondue.

FÜR 1 BROT (20 CM DURCHMESSER)
Zubereitungszeit
20 Minuten plus
22 Minuten Backzeit

- 165 g junger Gouda oder Edamer
- 110 g Frischkäse (Doppelrahmstufe)
- 110 g entöltes Mandelmehl
- 1 Pck. Weinstein-Backpulver
- 3 Eier
- 1 Prise Salz
- 30 g sehr weiche Kräuterbutter

1. Den Backofen auf 160 °C Umluft vorheizen. Den Käse reiben und mit dem Frischkäse in eine Schüssel geben. In 20-Sekunden-Schritten in der Mikrowelle schmelzen und dabei immer wieder umrühren. So lange wiederholen, bis der Käse flüssig ist.
2. Mandelmehl, Backpulver, Eier und Salz dazugeben und alles mit einem Teigschaber zu einem glatten Teig verkneten. Eine Backform mit 20 cm Durchmesser mit Backpapier auslegen. Mit angefeuchteten Händen den Teig zu tischtennisballgroßen Kugeln rollen und mit etwas Abstand zueinander in die Form legen. Das Zupfbrot im Ofen auf der mittleren Schiene 22 Minuten backen. Nach 10 Minuten der Backzeit mit der Kräuterbutter bestreichen.

Tipp: Kräuterbutter könnt ihr ganz einfach selbst machen. Zimmerwarme Butter mit Meersalz, etwas abgeriebener Zitronenschale und getrockneter Petersilie sowie Schnittlauch mischen. Fertig.

Zebra-Brot

Das Zebra-Brot sieht nicht nur toll aus, es schmeckt auch großartig – vor allem mit süßen Aufstrichen. Das Brot lässt sich in Scheiben geschnitten sehr gut einfrieren: Bei Bedarf einfach auftoasten und noch warm mit Konfitüre oder leicht gesalzener Butter genießen. Hmmm ...

FÜR 1 KASTENFORM (18 CM)
Zubereitungszeit
20 Minuten plus
1 Stunde Backzeit

5 Eier

1 Prise Salz

200 g Haselnussmus

25 g gemahlene Haselnusskerne

60 g Erythrit gold (alternativ halb Erythrit/halb Xylit)

1/2 TL Weinstein-Backpulver

1 Msp. Vanillepulver

2 TL Backkakao

Butter für die Form

1. Den Backofen auf 150 °C Umluft vorheizen. Eine Kastenform einfetten. Die Eier mit dem Salz in einigen Minuten mit einem Handmixer hell und luftig aufschlagen. Das Haselnussmus unterrühren. Gemahlene Haselnusskerne, Erythrit, Backpulver und Vanille vermischen und unter die Masse heben.
2. Den Teig halbieren, unter die eine Hälfte den Kakao rühren. Den hellen und den dunklen Teig abwechselnd löffelweise in die Kastenform geben. Das Brot im Ofen auf der mittleren Schiene etwa 1 Stunde backen. Gegen Ende der Backzeit eine Stäbchenprobe machen: Dafür einen Holzspieß in die Mitte des Brotes stechen. Kommt er sauber wieder heraus, ist das Brot fertig.

Tipp: Auch mit Mandelmus und gemahlenen Mandelkernen statt der Haselnüsse schmeckt das Brot toll.

Kleingebäck & Aufstriche

Kräuter-Knäcke

Knuspriges Knäckebrot habe ich nach meiner Low-Carb-Umstellung lange vermisst. Dabei ist es super schnell und einfach gemacht und richtig lecker. Die Kräutermischung gibt dem Knäckebrot einen mediterranen Touch. Als Belag eignen sich Tomaten- und Mozzarella-Scheiben hervorragend.

FÜR 10 STÜCK
Zubereitungszeit
15 Minuten plus
10 Minuten Quellzeit und
etwa 1 Stunde Backzeit

- 50 g geschroteter Leinsamen
- 150 g Sonnenblumenkerne
- 10 g gemahlene Flohsamenschalen
- je 1/2 TL getrockneter Rosmarin, getrocknetes Basilikum und getrocknete Petersilie
- 1/2 TL Meersalz
- Olivenöl für das Backblech

1. Alle trockenen Zutaten miteinander vermischen. 275 ml handwarmes Wasser dazugeben und unterrühren. Den Teig 10 Minuten quellen lassen. Den Backofen auf 150 °C Ober- und Unterhitze vorheizen.
2. Ein Backblech mit Backpapier auslegen und mit Öl bepinseln. Den Teig auf das Backpapier geben und zu einem großen Rechteck verstreichen. Mit einem Messer den Teig in zehn Stücke schneiden – an diesen Schnittkanten kann das Knäckebrot später leichter gebrochen werden. Das Kräuter-Knäcke auf der mittleren Schiene im Ofen in 1 Stunde knusprig backen. Nach der Hälfte der Backzeit die Teigplatte in Stücke brechen und umdrehen. Während der letzten 10 Minuten Backzeit die Knäckebrote im Blick behalten, damit sie nicht zu dunkel werden. Sind sie nach 1 Stunde dagegen noch zu feucht, die Backzeit um weitere 5–10 Minuten verlängern.

Brotstangen

Diese Brotstangen sind schön würzig, innen saftig und außen leicht knusprig. Sie eignen sich perfekt als Snack zu einem kühlen Glas Weißwein, als Beilage auf einer Käseplatte oder auch zum Dippen für einen heißen Ofenkäse.

FÜR 15 STÜCK
Zubereitungszeit
20 Minuten plus
20–25 Minuten Backzeit

150 g fein geriebener Gouda
115 g entöltes Mandelmehl
10 g gemahlene Flohsamenschalen
35 ml Olivenöl
15 g Tomatenmark
1 TL Pizzagewürz
5 g Mohnsamen
2 kräftige Prisen Fleur de Sel
5 g Sesamsamen

1. Den Käse mit dem Mandelmehl, den Flohsamenschalen, dem Olivenöl, dem Tomatenmark und dem Pizzagewürz verkneten. Nach und nach 75–85 ml Wasser dazugeben, bis ein gut formbarer Teig entsteht. Den Backofen auf 160 °C Umluft vorheizen.
2. Den Teig auf der Arbeitsfläche zu Stangen rollen, etwa 15 cm lang und mit einem Durchmesser von etwa 1 cm. Den Mohn mit 1 Prise Fleur de Sel mischen und die Hälfte der Stangen vorsichtig darin wälzen. Den Sesam ebenfalls mit 1 Prise Fleur de Sel mischen und die restlichen Stangen darin wälzen. Die Brotstangen auf ein mit Backpapier belegtes Blech legen und im Ofen in 20–25 Minuten goldgelb backen.

Tipp: Knoblauchfans nehmen eine fein gehackte Knoblauchzehe und kneten sie mit unter den Teig.

Selbst gemachte Butter

So einfach ist es, Butter selbst zu machen! Schokoladiges Zebra-Brot (S. 45) oder eine Scheibe frisches Körnerbrot (S. 38) mit gesalzener Butter – himmlisch! Und die Knoblauchbutter macht sich super auf gegrilltem Gemüse oder Fleisch.

GESALZENE BUTTER

Für etwa 125 g

Zubereitungszeit
10 Minuten

500 g zimmerwarme süße Bio-Sahne

1 kräftige Prise Fleur de Sel

KNOBLAUCHBUTTER

Für 125 g

Zubereitungszeit
15 Minuten plus
45 Minuten Backzeit

1 Knolle Knoblauch

1 TL Olivenöl

je 1 Zweig frischer Rosmarin und Thymian

125 g zimmerwarme selbst gemachte Butter (siehe oben) oder Weidebutter

Salz

GESALZENE BUTTER

1. Die Sahne schlagen, bis sie steif ist. Dann etwa 3 Minuten weiterschlagen, bis sich Klumpen bilden. Die Mischung durch ein Sieb gießen, dabei die Flüssigkeit auffangen. Diese so gewonnene Buttermilch anderweitig verwenden.
2. Die Butterklumpen aus dem Sieb unter kaltem (!) Wasser abspülen und gut verkneten. Die austretenden Tröpfchen mit kaltem Wasser abspülen. Wenn keine Buttermilch mehr austritt, ist die Butter fertig. Nun das Fleur de Sel unterkneten. In ein geeignetes Gefäß geben und im Kühlschrank aufbewahren.

KNOBLAUCHBUTTER

1. Den Backofen auf 160 °C Ober- und Unterhitze vorheizen. Von der Knoblauchknolle oben einen »Deckel« abschneiden, die Oberfläche mit Öl beträufeln und die Knolle komplett in Alufolie wickeln.
2. Auf ein Backblech setzen und auf der mittleren Schiene im Ofen 45 Minuten backen. Der Knoblauch wird dabei bräunlich und ganz weich und mild.
3. Die Knoblauchknolle aus der Alufolie wickeln. Das weiche Innere der Zehen aus der Schale drücken und mit einer Gabel zerkleinern. Die Kräuterzweige waschen, trockentupfen, die Rosmarinnadeln und Thymianblättchen von den Zweigen zupfen und hacken. Die Butter mit dem Knoblauch und den Kräutern verrühren und mit Salz abschmecken.

Tipp: Die Knoblauchbutter schmeckt großartig auf frischem Körnerbrot (S. 38).

Erdbeer-Vanille-Konfitüre

Schon meine Mama hat Erdbeerkonfitüre immer mit Vanille verfeinert. Für mich eine wunderschöne Kindheitserinnerung: Gemeinsam Erdbeeren pflücken, Konfitüre kochen und anschließend zusammen vernaschen.

FÜR ETWA 6 GLÄSER
(à 250 ml)
Zubereitungszeit
40 Minuten

1,5 kg Erdbeeren
500 g Gelier-Xylit 3:1
1 Vanilleschote

1. Die Erdbeeren waschen und den grünen Ansatz entfernen. Nur einwandfreie Beeren verwenden. Die Erdbeeren klein würfeln und mit dem Gelier-Xylit in einen großen Topf geben. Die Vanilleschote längs aufschneiden, das Mark herauskratzen und mit in den Topf geben.
2. Alles zusammen unter Rühren aufkochen und etwa 3 Minuten sprudelnd kochen lassen, dabei immer weiterrühren. Dann eine Gelierprobe durchführen: Dafür 1 TL der Konfitüre auf einen kleinen Teller geben und 1–2 Minuten warten. Ist der Fruchtaufstrich dann immer noch flüssig, noch 2–3 Minuten weiterköcheln lassen. Die Konfitüre heiß in sterilisierte Schraubgläser füllen, verschließen und abkühlen lassen.

Tipp: Die ausgekratzte Vanilleschote in ein Schraubglas geben und mit einer Mischung aus Xylit und Erythrit auffüllen. So hat man immer eine köstliche Vanillesüße zur Hand.

Süße Aufstriche

Ob schokoladig oder zitronig – diese köstlichen Aufstriche versüßen nicht nur Frühstücksbrötchen! Ein Löffelchen Schoko-Haselnuss-Creme vertreibt aufkommenden Heißhunger auf Süßes und das feinsäuerliche Lemon Curd gibt Kuchen und Dessertcremes eine ganz besondere Note.

SCHOKO-HASEL-NUSS-CREME
Für 1 Glas (à 150 ml)
Zubereitungszeit
10 Minuten

15 g Erythrit
20 g Xylit
100 g Haselnussmus
7 g Backkakao
1 Msp. Salz
1 Msp. Vanillepulver

LEMON CURD
Für 1 Glas (à 150 ml)
Zubereitungszeit
20 Minuten

Schale von 1/2 unbehandelten Zitrone
100 g Xylit
80 ml Zitronensaft
(Saft von etwa 2 Zitronen)
50 g Butter
3 Eier

SCHOKO-HASELNUSS-CREME

1. Eythrit und Xylit in der Küchenmaschine zu Puder mahlen. Mit den restlichen Zutaten verrühren und in ein heiß ausgespültes Glas füllen. Verschließen und im Kühlschrank lagern. Zügig verbrauchen.

LEMON CURD

1. Die Zitronenschale mit dem Xylit in einer Küchenmaschine zu Puder mahlen. Mit den restlichen Zutaten zusammen in einen Topf geben. Unter ständigem Rühren mit einem Schneebesen langsam erhitzen. Wenn die Masse dick ist wie Pudding, vom Herd nehmen. Nicht kochen lassen! In ein heiß ausgespültes Schraubglas füllen, verschließen und abkühlen lassen. Im Kühlschrank lagern und zügig verbrauchen.

Süßes Sesamknäcke

Süßes Knäcke kann man einfach so wie einen Müsliriegel wegknuspern oder mit Frischkäse und Fruchtaufstrich zum Frühstück genießen. Wer mag, kann das Knäckebrot auch als süße Chips in Quark oder Joghurt dippen.

FÜR 10 STÜCK
Zubereitungszeit
10 Minuten plus
1 Stunde 25 Minuten Backzeit

50 g geschroteter Leinsamen

150 g Sesamsamen

10 g gemahlene Flohsamenschalen

1 Prise Meersalz

40 g Erythrit gold (Achtung: Mit Xylit funktioniert das Rezept nicht!)

optional: 1 Prise Vanillepulver oder Zimt

1 TL Öl

1. Den Backofen auf 150 °C Ober- und Unterhitze vorheizen. Alle trockenen Zutaten miteinander vermischen, 280 ml handwarmes Wasser dazugeben und alles verrühren. 10 Minuten quellen lassen.
2. Ein Backblech mit Backpapier auslegen und mit dem Öl bepinseln. Die Teigmischung auf das Backpapier geben und zu einem großen Rechteck verstreichen. Im Ofen auf der mittleren Schiene 1 Stunde 25 Minuten backen. Die Teigplatte nach Ende der Backzeit umdrehen, die Backofentür einen Spaltbreit offen und das Knäcke im Backofen abkühlen lassen. Das Knäckebrot hat warm noch eine gummiartige Konsistenz, sobald es abgekühlt ist, wird es knuspriger. Dann in zehn Stücke teilen.

Pizza, Quiche & Co.

Blumenkohlpizza

Wer gern saftigen und dicken Pizzaboden mag, wird Blumenkohlpizza bestimmt lieben. Der Pizzaboden schmeckt nach dem Backen eigentlich kaum noch nach Kohl und harmoniert mit fast jedem Belag.

FÜR 2 PIZZEN
Zubereitungszeit
25 Minuten plus
30–35 Minuten Backzeit

FÜR DEN TEIG
500 g Blumenkohl
200 g Cheddar
2 Eier
1 EL Pizzagewürz
Salz
frisch gemahlener schwarzer Pfeffer

FÜR DIE SAUCE
100 g Schmand
2 TL Tomatenmark

FÜR DEN BELAG Z. B.
200 g Feta
1 Dose Thunfisch, abgetropft
2 Tomaten, gewürfelt
1 Zwiebel in Scheiben

1. Den Backofen auf 190 °C Ober- und Unterhitze vorheizen. Den Blumenkohl entweder mit einem großen Messer fein hacken oder mit der Küchenmaschine raspeln. Die Stückchen sind idealerweise etwas größer als Reiskörner. Den gehackten Blumenkohl auf einem Backblech ausbreiten und etwa 10 Minuten backen, dann etwas abkühlen lassen.
2. Den Käse reiben. Den Blumenkohl mit Käse, Eiern und Gewürzen mischen und je die Hälfte davon auf ein mit Backpapier ausgelegtes Backblech geben. Mit einem Löffel jeweils zu einem Kreis verstreichen. Weitere 10 Minuten backen, bis das Ei gestockt ist.
3. Schmand mit Tomatenmark verrühren und auf den Teig streichen. Nach Geschmack belegen und weitere 10–15 Minuten backen.

Tipp: Wer kein Fan von Blumenkohl ist, kann diesen auch mit Brokkoli austauschen. Das Rezept funktioniert dann immer noch genauso.

Thunfischpizza

Eine Pizza, die nicht mit Thunfisch belegt wird, sondern daraus besteht. Das Verrückte daran ist, dass der Boden nur ganz leicht nach Thunfisch schmeckt.

FÜR 1 PIZZA
Zubereitungszeit
20 Minuten plus
35–40 Minuten Backzeit

FÜR DEN BODEN
1 Dose Thunfisch in eigenem Saft (möglichst aus traditioneller Angelruten-Fischerei)
2 Eier
1–2 TL gemahlene Flohsamenschalen
Salz
frisch gemahlener schwarzer Pfeffer

FÜR DIE SAUCE
2 EL Schmand
2 TL Tomatenmark
Pizzagewürz

FÜR DEN BELAG Z. B.
Variante 1: einige Scheiben Salami, 1/2 gelbe Paprikaschote in Streifen, 1 Frühlingszwiebel in Ringen, 1 Kugel Mozzarella in Scheiben
Variante 2: einge Scheiben roher Schinken, 1 Handvoll schwarze Oliven, 1/2 rote Zwiebel in Ringen, 100 g zerkrümelter Feta
optional: 1 Handvoll Rucola

1. Den Backofen auf 200 °C Ober- und Unterhitze vorheizen. Den Thunfisch gut abtropfen lassen. Die Eier verquirlen und gründlich mit dem Thunfisch mischen. Der Fisch sollte dabei so fein wie möglich zerkleinert werden, dann nimmt er mehr Eimasse auf. Für die Bindung noch etwas Flohsamenschalen unterrühren. Die Mischung mit etwas Salz und Pfeffer würzen.
2. Ein Backblech mit Backpapier auslegen und die Thunfischmischung zu einem runden Pizzaboden daraufstreichen. Im Ofen auf der mittleren Schiene etwa 20 Minuten vorbacken. Aus dem Ofen nehmen und umdrehen. Schmand mit Tomatenmark verrühren, kräftig würzen und auf den Boden streichen. Nach Belieben belegen. Zum Schluss den Käse darauf verteilen und nochmal würzen. Weitere 15–20 Minuten backen, bis der Käse goldgelb verlaufen ist. Wer mag, gibt nach dem Backen noch Rucola auf die Pizza.

Pizzablume

Wer kennt das nicht? Ein gemütlicher Filmabend steht an und es muss etwas zum Snacken her. Versucht doch mal statt Chips, Flips und Salzstangen folgende Alternative: Eine kleine Pizzablume auf ein Holzbrett legen, dazu eine Auswahl verschiedener Käsesorten, ein paar Cherrytomaten, Paprikastreifen und zwei Dips, wie zum Beispiel Kräuterquark und Guacamole. So ist der Low-Carb-Abend gerettet!

FÜR 1 BLUME
Zubereitungszeit
15 Minuten plus
25 Minuten Backzeit

110 g mittelalter Gouda
20 g weiche Butter
30 g entöltes Mandelmehl
2 TL Weinstein-Backpulver
1 TL gemahlene Flohsamenschalen
1 Prise Meersalz
1/2 TL Knoblauchpulver
1/2 TL Chiliflocken
1/2 TL getrockneter Oregano

1. Den Backofen auf 160 °C Umluft vorheizen. Den Gouda reiben und mit 10 g von der Butter in eine Schüssel geben. In 20-Sekunden-Schritten in der Mikrowelle erhitzen, dabei immer wieder umrühren. So lange wiederholen, bis der Käse flüssig ist.
2. Alle übrigen Zutaten dazugeben und mit einem Teigschaber zu einem glatten Teig verkneten. Zu kleinen Kugeln rollen und diese wie eine Blumenblüte auf ein mit Backpapier ausgelegtes Backblech legen. Im Ofen auf der mittleren Schiene in 25 Minuten goldgelb backen. Nach 10 Minuten Backzeit die Brötchen mit der restlichen Butter bepinseln. Die Pizzablume schmeckt warm und kalt.

Paprika-Quiche

Quiche ist ein toller Allrounder – man kann fast jedes Gemüse verwenden und so auch ganz praktisch Reste verwerten. Der Boden ist würzig, saftig und der perfekte Untergrund für das Lieblingsgemüse. Verfeinert wird die Gemüsequiche durch aromatischen Schinken und einen Klecks Schmand.

FÜR 1 SPRINGFORM (18 CM DURCHMESSER)
Zubereitungszeit
20 Minuten plus
25–30 Minuten Backzeit

600 g gelbe, rote und grüne Paprikaschoten
1 EL Butter
Salz
200 g körniger Frischkäse
3 Eier
50 g gemahlene Mandelkerne
100 g geriebener Käse (z. B. Edamer)
frisch gemahlener schwarzer Pfeffer
1/2 TL edelsüßes Paprikapulver
1 Msp. Knoblauchpulver
8 dünne Scheiben luftgetrockneter Schinken
2–3 EL Schmand
1 EL frisch gehackte Petersilie

1. Den Backofen auf 180 °C Umluft vorheizen. Die Paprikaschoten putzen, waschen und in mundgerechte Stücke schneiden. Die Butter in einer Pfanne erhitzen und die Paprika darin in etwa 5 Minuten bissfest anbraten. Leicht salzen.
2. Den körnigen Frischkäse mit den Eiern, den gemahlenen Mandelkernen, dem geriebenen Käse und den Gewürzen mit einer Gabel vermengen. Eine Springform mit Backpapier auslegen und die Masse hineinfüllen. Im Ofen auf der mittleren Schiene etwa 15 Minuten backen. Die Paprikastücke darauf verteilen und in weiteren 10–15 Minuten fertig backen. Die Quiche aus dem Ofen nehmen und den Schinken locker darauf verteilen. Den Schmand in Klecksen darüber verteilen und die Quiche mit gehackter Petersilie bestreut servieren.

Tipp: Anstelle der Paprikaschoten kann man auch Zucchini, Fenchel oder Rosenkohl verwenden.

Burger-Rolle

Fast Food geht auch mit Low Carb. Die Rolle schmeckt wie der riesige Burger der bekannten Restaurantkette. Nur gibt es hier keine Burger-Brötchen, sondern einen Boden aus einer Käse-Quark-Mischung – und das schmeckt mindestens genauso gut.

FÜR 4 PORTIONEN
Zubereitungszeit
25 Minuten plus
18–20 Minuten Backzeit plus
1 Stunde Abkühlzeit

FÜR DEN TEIG
250 g geriebener Käse (z. B. Cheddar)
250 g Sahnequark
3 Eier
1 EL Pizzagewürz

FÜR DIE SAUCE
100 g Schmand
3 EL Tomatenmark
Salz
frisch gemahlener schwarzer Pfeffer

FÜR DEN BELAG
1 Zwiebel
1 EL Sonnenblumenöl
200 g Rinderhack
4 Blätter grüner Salat
1/2 Salatgurke
1 große Tomate
4 eingelegte Essiggurken (ohne Zucker)
150 g geriebener Käse (z. B. Cheddar)

1. Den Backofen auf 175 °C Umluft vorheizen. Den geriebenen Käse gründlich mit Quark und Eiern verrühren. Kräftig würzen. Die Mischung auf ein mit Backpapier ausgelegtes Backblech streichen und im Ofen in 18–20 Minuten goldgelb backen.
2. In der Zwischenzeit für die Sauce Schmand mit Tomatenmark verrühren und leicht mit Salz und Pfeffer würzen. Für den Belag die Zwiebel abziehen, würfeln und im Öl anschwitzen. Das Hackfleisch dazugeben und gut anbraten. Salat, Gurke und Tomate waschen und putzen, Gurke und Tomate in Scheiben schneiden. Die Essiggurken abtropfen lassen und ebenfalls in Scheiben schneiden.
3. Den noch warmen Teig mit der Sauce bestreichen und den Belag darauf verteilen. Aufrollen, in Alufolie einwickeln und 1 Stunde im Kühlschrank abkühlen lassen. Nach Belieben in Stücke schneiden.

Torten & Kuchen

Schwarzwälder Kirschtorte

Der Tortenklassiker schlechthin. Doch vor meiner Low-Carb-Umstellung habe ich die Schwarzwälder Kirschtorte nie probiert. Erst jetzt verstehe ich auch, warum sie so beliebt ist: Saftige Schokoböden und die Cremefüllung mit Kirschen, dazu ein bisschen Schokolade. Eine fantastische Kombination.

FÜR 1 SPRINGFORM (18 CM DURCHMESSER)

Zubereitungszeit
35 Minuten plus
35–40 Minuten Backzeit
und 30 Minuten Abkühlzeit

FÜR DIE BÖDEN

5 Eier

100 g Erythrit gold (alternativ halb Erythrit/halb Xylit)

1 Prise Salz

100 g entöltes Mandelmehl

1 TL Guarkernmehl

35 g Backkakao

1/2 Pck. Weinstein-Backpulver

150 g süße Sahne

Butter für die Form

FÜR DIE CREME

300 g süße Sahne

150 g Mascarpone

25 g Erythrit

50 g Xylit

1 Prise Vanillepulver

1/2 TL Guarkernmehl

300 g Sauerkirschen (aufgetaute Tiefkühlware oder aus dem Glas, ohne Zuckerzusatz)

50 g Bitterschokolade (mindestens 85 % Kakaoanteil)

1. Den Backofen auf 160 °C Umluft vorheizen. Die Eier mit dem Erythrit und dem Salz in einigen Minuten mit einem Handmixer hell und schaumig aufschlagen. Mandelmehl, Guarkernmehl, Kakao und Backpulver vermischen und mit der Sahne zur Eiermischung geben. Alles gut verquirlen. Eine Springform gründlich fetten und den Teig einfüllen. Auf der mittleren Schiene des Ofens 35–40 Minuten backen. Mit der Stäbchenprobe prüfen, ob kein Teig mehr haften bleibt. Den Kuchen aus der Form nehmen und komplett abkühlen lassen.
2. Den Kuchen mit einem Brotmesser waagerecht in drei Böden teilen. Kirschen aus dem Glas abtropfen lassen. Etwa 10 Kirschen für die Dekoration zur Seite legen. Die restlichen auf zwei der Böden verteilen.
3. Für die Creme die Sahne steif schlagen. Mascarpone, Erythrit, Xylit und Vanillepulver dazugeben und nochmal kurz durchmixen. Guarkernmehl bei laufendem Mixer einrieseln lassen. Etwa 5 EL der Creme in einen Spritzbeutel füllen. Jeweils ein Drittel der restlichen Creme auf den beiden Böden mit den Kirschen verteilen. Die beiden Böden übereinanderschichten und den dritten Boden als Deckel aufsetzen. Die übrige Creme auf dem obersten Boden verstreichen. Die Oberfläche mit der Creme aus dem Spritzbeutel verzieren und mit den beiseitegelegten Kirschen dekorieren. Die Schokolade fein hacken und auf der Torte verteilen. Bis zum Verzehr kalt stellen.

Zitronen-Frischkäse-Torte

Wenn man zwar Appetit auf Torte, aber keine Lust zu backen hat. Genau dann kommt dieses Rezept wie gerufen. Der Backofen bleibt aus, und die Torte schmeckt schön sommerlich frisch.

FÜR 1 SPRINGFORM (20 CM DURCHMESSER)
Zubereitungszeit
25 Minuten plus
2 Stunden Kühlzeit

FÜR DEN BODEN
60 g zimmerwarme Butter
60 g gemahlene Mandelkerne
50 g entöltes Mandelmehl
25 g Erythrit gold
1 kleine Prise Salz

FÜR DEN BELAG
1 Beutel zuckerfreie Götterspeise Zitrone (zum Kochen)
300 g Frischkäse (Doppelrahmstufe)
75 g Xylit
1 EL Zitronensaft
250 g süße Sahne

1. Butter, gemahlene Mandelkerne, Mandelmehl, Erythrit und Salz miteinander verkneten. 1–2 EL der Mischung zur Seite stellen. Den Rest als Boden in eine Springform drücken.
2. Die Götterspeise mit 200 ml Wasser in einen Topf geben und unter Rühren erhitzen, bis sich das Pulver aufgelöst hat. Achtung: Nicht aufkochen! Vom Herd nehmen und etwas abkühlen lassen.
3. Frischkäse mit Xylit und Zitronensaft verrühren. Sahne steif schlagen. Die lauwarme Götterspeise langsam in die Frischkäsemasse rühren, dann die Sahne locker unterheben. Die recht flüssige Mischung auf den Boden geben und die Torte für mindestens 2 Stunden, besser über Nacht kalt stellen. Den beiseitegestellten Teig zerbröseln und die Torte damit bestreuen.

Lava-Cake

Schokolade macht glücklich, Teig naschen auch – hier bekommt man beides. Einen besonders schokoladigen Kuchen mit einem noch leicht flüssigen Kern. So gut!

FÜR 1 KASTENFORM (10 CM)

Zubereitungszeit
15 Minuten plus
10–12 Minuten Backzeit

100 g Bitterschokolade (mindestens 85 % Kakaoanteil)
40 g Kokosöl
2 EL Mandelmus
2 Eier
40 g Xylit
30 g entöltes Mandelmehl
1 gute Prise Fleur de Sel
Butter für die Form

1. Den Backofen auf 160 °C Ober- und Unterhitze vorheizen. 70 g von der Schokolade mit dem Kokosöl in einem Topf bei niedriger Temperatur schmelzen lassen. Das Mandelmus unterrühren. Die Eier mit dem Xylit in etwa 5 Minuten mit einem Handmixer hell und schaumig aufschlagen. Mandelmehl und Salz unter die Schokomasse rühren, dann den Eierschaum unterheben.
2. Die Masse in eine gefettete Kastenform geben. Die restliche Schokolade hacken und auf dem Teig verteilen. Den Kuchen auf der mittleren Schiene des Ofens 10–12 Minuten backen. Entweder gleich warm mit halbflüssigem Kern genießen oder kalt stellen, dann schmeckt der Kuchen wie Schoko-Fudge.

Bienenstich

Sobald ich den Duft von buttrigem Kuchen in der Nase habe, fühle ich mich wieder in meine Kindheit zurückversetzt – genauso roch es damals zu Hause. Der Bienenstich ist bei meiner Tochter auch ein ganz großer Favorit, besonders gern schleckt sie allerdings den Puddingtopf aus. Daher koche ich immer etwas mehr.

FÜR 1 SPRINGFORM (18 CM DURCHMESSER)

Zubereitungszeit
25 Minuten plus
30 Minuten Backzeit und
45 Minuten Abkühlzeit

FÜR DEN TEIG

2 Eier
3 Eiweiß
95 g Erythrit gold (alternativ halb Erythrit/halb Xylit)
40 g Kokosmehl
30 g entöltes Mandelmehl
1 Prise Salz
1/2 Pck. Weinstein-Backpulver
1/2 TL Guarkernmehl
40 g gehobelte Mandelkerne
25 g Butter
Butter für die Form

FÜR DIE FÜLLUNG

150 g süße Sahne
60 g Xylit
100 ml Milch
3 Eigelb
1/2 TL Guarkernmehl
Mark von 1 Vanilleschote
100 g zimmerwarme Butter

1. Den Backofen auf 150 °C Umluft vorheizen. Eier und Eiweiß mit 75 g Erythrit in einigen Minuten mit einem Handmixer hell und schaumig aufschlagen. Beide Mehlsorten mit Salz, Backpulver und Guarkernmehl verrühren und unter die Eimischung heben. Eine Springform gründlich mit Butter ausstreichen und den Teig hineingeben. Die gehobelten Mandelkerne auf dem Teig verteilen und leicht andrücken. Mit dem restlichen Erythrit bestreuen und die Butter in Flöckchen darauf verteilen. Im Ofen auf der mittleren Schiene in etwa 30 Minuten goldgelb backen. Den Kuchen auskühlen lassen, aus der Form nehmen und waagerecht halbieren.
2. Während der Kuchen im Ofen ist, die Füllung vorbereiten. Dafür Sahne mit Xylit in einen Topf geben und aufkochen lassen. Die Milch mit dem Eigelb verquirlen, währenddessen das Guarkernmehl einrieseln lassen. Vanillemark dazugeben, die Milchmischung zur Sahne in den Topf geben und alles unter Rühren nochmals aufkochen lassen. Vom Herd ziehen und den Pudding auf Zimmertemperatur abkühlen lassen. Pudding und Butter sollten etwa die gleiche Temperatur haben. Die Butter in einigen Minuten mit einem Handmixer hell aufschlagen. Den Pudding löffelweise dazugeben und dabei immer weitermixen. Die Creme auf dem unteren Boden verteilen, den oberen Boden als Deckel daraufsetzen. Leicht andrücken und bis zum Verzehr kalt stellen.

Schokotörtchen

Es muss nicht immer eine aufwendige Torte sein – manchmal braucht man nur ein kleines Törtchen für zwei. Diese Kleinigkeit ist perfekt zum Teilen für Verliebte, für einen Abend mit der besten Freundin oder als Mitbringsel für die Mama. Hier vereinen sich saftige Schokoböden und eine sahnige Cremefüllung mit leichtem Kaffeearoma mit frischen Himbeeren zu einem großen Verwöhnmoment.

FÜR 1 TÖRTCHEN (12 CM DURCHMESSER)

Zubereitungszeit
45 Minuten plus
15 Minuten Backzeit und
1 Stunde Abkühlzeit

FÜR DEN TEIG

3 Eier
25 g Erythrit gold
1 kleine Prise Salz
20 g Backkakao
30 g Haselnussmus (alternativ Mandelmus)
25 g Mandelmehl
1/2 TL Guarkernmehl

FÜR DIE CREME

100 g süße Sahne
1/2 TL Guarkernmehl
100 g Mascarpone
1 TL lösliches Kaffeepulver
25 g Erythrit gold
1 Prise Zimt
100 g Himbeeren
etwas Bitterschokolade (mind. 85% Kakaoanteil) zum Garnieren

1. Den Backofen auf 160 °C Umluft vorheizen. Die Eier trennen. Das Eiweiß mit dem Erythrit und dem Salz steif schlagen. Eigelb mit Backkakao, Nussmus, Mandelmehl und Guarkernmehl glatt rühren. Den Eischnee behutsam unterheben. Ein Backblech mit Backpapier belegen. Den Teig zu einem 25 x 25 cm großen Quadrat daraufstreichen und im Ofen auf der mittleren Schiene etwa 15 Minuten backen. Das Backpapier sofort abziehen, den Boden auskühlen lassen. Mithilfe einer Schale oder einem großen Glas von etwa 12 cm Durchmesser aus der Teigplatte drei Kreise ausstechen.
2. Für die Creme die Sahne steif schlagen, dabei das Guarkernmehl einrieseln lassen. Mascarpone mit Kaffee und Erythrit glatt rühren, zur Sahne geben und nochmal kurz durchmixen. Die Creme in einen Spritzbeutel mit Sterntülle füllen. Einen der Teigkreise auf einen Kuchenteller legen und die Creme auf dem Boden verteilen. Den zweiten Kreis auflegen und nur ganz leicht andrücken. Wieder mit Creme bedecken. Den dritten Kreis auflegen und die restliche Creme mit dem Spritzbeutel daraufttupfen. Mit Zimt bestauben. Die Himbeeren verlesen und waschen. Schokolade raspeln und das Törtchen damit garnieren. Bis zum Verzehr kalt stellen, gerne auch über Nacht.

Tipp: Wer Lust auf etwas ganz Besonderes hat, veredelt das Törtchen mit 1 Prise geriebener Tonkabohne statt mit Zimt.

Biskuitrolle

Früher dachte ich immer: Biskuitrolle ist irgendwie altmodisch und nicht lecker. Weit gefehlt. Der lockere Biskuitteig mit der fruchtigen Cremefüllung ist es wirklich wert, nachgebacken zu werden.

FÜR 1 BISKUITROLLE
Zubereitungszeit
45 Minuten plus
12 Minuten Backzeit und
30 Minuten Abkühlzeit

FÜR DEN TEIG
3 Eier
40 g Erythrit gold (alternativ halb Erythrit/halb Xylit)
30 g Quark
60 g gemahlene Mandelkerne
1 Prise Salz
1 Prise Zimt
1 TL Guarkernmehl
1/2 TL Weinstein-Backpulver

FÜR DIE FÜLLUNG
200 g süße Sahne
1 TL Guarkernmehl
200 g Frischkäse (Doppelrahmstufe)
100 g Quark
50 g Erythrit (alternativ halb Erythrit/halb Xylit)
1 Prise Vanillepulver
300 g Blaubeeren

AUSSERDEM
1 EL Erythrit gold

1. Den Backofen auf 180 °C Ober- und Unterhitze vorheizen. Die Eier mit dem Erythrit in einigen Minuten mit dem Handmixer hell und schaumig aufschlagen. Quark, gemahlene Mandelkerne, Salz, Zimt, Guarkernmehl und Backpulver unterrühren. Die Masse auf ein mit Backpapier ausgelegtes Backblech geben und zu einem Rechteck verstreichen. Im Ofen auf der mittleren Schiene in etwa 12 Minuten hell backen. Ein sauberes Geschirrtuch mit 1 EL Erythrit gold bestreuen. Den fertigen Biskuit sofort mit dem Backpapier nach oben daraufstürzen. Das Backpapier abziehen und lose auflegen. Den Biskuit von der Längsseite her mit dem Geschirrtuch aufrollen und auskühlen lassen. So behält der Teig seine Form und reißt nachher nicht ein.
2. Für die Füllung die Sahne fast steif schlagen. Guarkernmehl einrieseln lassen und verquirlen. Frischkäse, Quark, Erythrit und Vanille unterrühren. 2–3 EL der Creme für die Dekoration zur Seite stellen. Die Blaubeeren verlesen und waschen, einige für die Dekoration beiseitelegen. Die restlichen Beeren unter die Creme heben. Den Biskuit vorsichtig auf dem Geschirrtuch entrollen. Den Boden mit der Creme bestreichen. Dabei an einer Längsseite 2 cm Rand freilassen. Den Kuchen mithilfe des Geschirrtuchs fest aufrollen, dabei das Tuch entfernen.
3. Die beiseitegestellte Creme in einen Spritzbeutel füllen und die Rolle damit verzieren. Mit den restlichen Beeren dekorieren. Bis zum Verzehr kühl stellen.

Cheesecake

Ein klassischer Cheesecake mit Streuselboden und feinsäuerlicher Himbeersauce. Der Cheesecake ist einer meiner Lieblinge und durch die cremige Füllung kaum von der High-Carb-Variante zu unterscheiden.

FÜR 1 SPRINGFORM
(18 CM DURCHMESSER)
Zubereitungszeit
20 Minuten plus
60–70 Minuten Backzeit

FÜR DEN BODEN
30 g zimmerwarme Butter
50 g entöltes Mandelmehl
2 EL Erythrit gold (alternativ halb Erythrit/halb Xylit)
1 kleine Prise Salz

FÜR DIE CREME
800 g Frischkäse (Doppelrahmstufe)
150 g Xylit
150 g Schmand
1 Prise Vanillepulver
3 Eier

FÜR DIE SAUCE
300 g Himbeeren
1 EL Erythrit gold (alternativ halb Erythrit/halb Xylit)
1 EL Zitronensaft

1. Den Backofen auf 150 °C Umluft vorheizen. Für den Boden die Butter mit den übrigen Zutaten mischen und mit den Fingern zu Streuseln kneten. Die Streusel als Boden in eine Springform geben und leicht andrücken. Auf der mittleren Schiene im Ofen etwa 10 Minuten vorbacken, dann die Form herausholen und die Ofentemperatur auf 160 °C erhöhen.
2. Für die Creme den Frischkäse mit dem Xylit verrühren. Schmand und Vanillepulver hinzufügen. Die Eier einzeln dazugeben und jeweils gut untermischen. Die Masse auf den vorgebackenen Boden geben und im Backofen auf der mittleren Schiene 50–60 Minuten backen. Wenn man am Rand der Form rüttelt, sollte der Cheesecake nur noch leicht wackeln. Gegebenenfalls mit Backpapier abdecken und die Backzeit verlängern.
3. Für die Sauce die Himbeeren verlesen und putzen. Mit dem Erythrit und dem Zitronensaft pürieren und durch ein Sieb streichen. Über den abgekühlten Kuchen geben.

Limetten-Gugelhupf

Ein erfrischender Kuchen für ein Sommerfest. Limette im Teig und in der Frischkäsefüllung, dazu eine süß-säuerliche Glasur – so macht Kuchen auch an heißen Tagen richtig viel Spaß.

FÜR 1 GUGELHUPFFORM
Zubereitungszeit
30 Minuten plus
1 Stunde Backzeit und
1 Stunde Abkühlzeit

FÜR DEN TEIG
125 g zimmerwarme Butter
80 g Xylit
80 g Erythrit
125 g Frischkäse
4 Eier
3 EL Limettensaft
1 Prise Salz
190 g entöltes Mandelmehl
1 TL Guarkernmehl
1/2 Pck. Weinstein-Backpulver

FÜR DIE FÜLLUNG
175 g Frischkäse
30 g Xylit
1 Ei
1 TL abgeriebene Limettenschale (von unbehandelten Früchten)

FÜR DIE GLASUR
40 g zimmerwarme Butter
50 g Puder-Xylit
100 g Frischkäse
2 EL Limettensaft

AUSSERDEM
einige Limettenzesten für die Dekoration
Butter für die Form

1. Butter mit Xylit und Erythrit mit einem Handmixer hell und luftig aufschlagen. Frischkäse dazugeben und glatt rühren. Die Eier einzeln dazugeben und gründlich untermixen. Limettensaft und 1 Prise Salz hinzugeben. Mandelmehl, Guarkernmehl und Backpulver trocken vermischen, dann unter die Butter-Ei-Mischung rühren.
2. Den Backofen auf 170 °C Umluft vorheizen. Alle Zutaten für die Füllung miteinander verrühren. Eine Gugelhupfform gründlich einfetten. Die Hälfte des Teigs hineinstreichen und gut andrücken. Die Füllung daraufgeben. Wer mag, marmoriert die beiden Teige etwas mit einer Gabel. Den restlichen Teig darübergeben und glatt streichen.
3. Den Kuchen im Ofen auf der mittleren Schiene etwa 1 Stunde backen. Sollte der Kuchen zu dunkel werden, mit Backpapier abdecken. Gegen Ende der Backzeit eine Stäbchenprobe machen: Kommt der Holzstab sauber wieder heraus, ist der Gugelhupf fertig. Aus dem Ofen holen und komplett auskühlen lassen, dann erst aus der Form stürzen.
4. Für die Glasur die Butter mit dem Puder-Xylit mit einem Handmixer aufschlagen. Frischkäse und Limettensaft dazugeben und glatt rühren. Die Glasur in einem kleinen Topf etwas erwärmen und über den Kuchen träufeln. Nach Belieben mit Limettenzesten verzieren.

Mandelkuchen

Ein einfacher Rührkuchen, der sehr saftig und schnell gemacht ist. Die leckere Kombination von Mandeln und Zitrone wird durch den cremig-frischen Schmand perfekt abgerundet.

FÜR 1 KASTENFORM (18 CM)
Zubereitungszeit
20 Minuten plus
45 Minuten Backzeit

75 g Xylit
abgeriebene Schale von 1/2 unbehandelten Zitrone
100 g Erythrit
200 g gemahlene ungeschälte Mandelkerne
1 Prise Zimt
1 Prise Salz
5 Eier
200 g Schmand
Butter für die Form

1. Den Backofen auf 160 °C Umluft vorheizen. Xylit mit der Zitronenschale und dem Erythrit in einer Küchenmaschine fein zu Puder mahlen. Gemahlene Mandelkerne, Zimt und Salz dazugeben und alles gründlich mischen.
2. Die Eier mindestens 5 Minuten mit einem Handmixer sehr schaumig aufschlagen. Dann die Mandelmischung ganz behutsam und gründlich unterheben. Eine Kastenform einfetten und den Teig hineinfüllen. Im Ofen auf der mittleren Schiene etwa 45 Minuten backen. Gegen Ende der Backzeit eine Stäbchenprobe durchführen: Kommt der Holzspieß sauber wieder aus dem Kuchen, ist er fertig, ansonsten noch einige Minuten weiterbacken. Aus dem Ofen nehmen und in der Form abkühlen lassen. Anschießend aus der Form lösen, in Stücke schneiden und mit je einem guten Klecks Schmand servieren.

Kürbiskuchen

Das Kürbisfleisch macht den Kuchen wunderbar saftig. Das Besondere ist aber definitiv der Käsekuchen-Swirl, der sich durch den Teig zieht.

FÜR 1 KASTENFORM (25 CM)

Zubereitungszeit
25 Minuten plus
12 Minuten Garzeit und
1 Stunde 10 Minuten Backzeit

FÜR DEN TEIG

200 g Kürbisfleisch (Butternut oder Hokkaido)

90 g Butter

80 g Erythrit gold (alternativ halb Erythrit/halb Xylit)

90 g Frischkäse (Doppelrahmstufe)

3 Eier

125 g entöltes Mandelmehl

1/2 Pck. Weinstein-Backpulver

1 TL Guarkernmehl

1 Prise Salz

Butter für die Form

FÜR DIE FÜLLUNG

150 g Frischkäse (Doppelrahmstufe)

1 Ei

20 g Xylit

1 kräftige Prise Zimt

1. Das Kürbisfleisch in Stücke schneiden und mit 1 EL Wasser in einen Topf geben. Abgedeckt auf dem Herd oder in der Mikrowelle weich garen. Je nach Sorte und Größe der Stücke dauert das 8–12 Minuten. Das Kürbisfleisch mit einer Gabel fein zerdrücken.
2. Die Butter mit dem Erythrit in einigen Minuten mit einem Handmixer hell aufschlagen. Frischkäse dazugeben und glatt rühren. Nacheinander die Eier unterrühren, bis sie von der Masse aufgenommen sind. Mandelmehl, Backpulver, Guarkernmehl und Salz miteinander mischen und unter die feuchte Teigmischung rühren. Das abgekühlte Kürbispüree dazugegeben und alles zu einem glatten Teig mischen.
3. Den Backofen auf 160 °C Umluft vorheizen. Alle Zutaten für die Füllung gut miteinander verrühren. Eine Kastenform gründlich ausfetten und etwas mehr als die Hälfte des Kürbisteiges hineingeben. Die Füllung daraufgeben und mit einer Gabel so durch beide Teigschichten fahren, dass ein Marmormuster entsteht. Den restlichen Kürbisteig darübergeben. Den Kuchen im Ofen auf der mittleren Schiene etwa 1 Stunde 10 Minuten backen. Gegen Ende der Backzeit eine Stäbchenprobe machen: Kommt das Holzstäbchen sauber wieder aus dem Teig, ist der Kuchen fertig.

Zucchini-Brownies

Ich liebe Gemüse im Kuchen, das gibt dem Teig eine ganz besonders tolle Konsistenz. Die Brownies sind super schokoladig und durch die Zugabe von Zucchini richtig schön schwer und saftig.

FÜR 9 STÜCK
Zubereitungszeit
15 Minuten plus
30–35 Minuten Backzeit

1 mittelgroße Zucchini (etwa 200 g)
4 Eier
50 g geschmolzene Butter
25 g Backkakao
40 g entöltes Mandelmehl
20 g Kokosmehl
70 g Erythrit gold (alternativ halb Erythrit/halb Xylit)
1 TL Weinstein-Backpulver
1 Prise Zimt
1 Prise Salz
50 g Bitterschokolade (mindestens 90% Kakaoanteil)

1. Den Backofen auf 160 °C Umluft vorheizen. Die Zucchini waschen, putzen und fein reiben. Danach in ein Sieb geben und leicht ausdrücken. Es bleiben noch etwa 150 g Zucchini übrig. Die geriebene Zucchini mit Eiern, Butter, Backkakao, beiden Mehlsorten, Erythrit, Backpulver, Zimt und Salz verrühren. Die Schokolade nicht zu fein hacken und unter den Teig rühren.
2. Eine eckige Backform von etwa 20 x 20 cm mit Backpapier auslegen, den Teig hineinfüllen. Im Ofen auf der mittleren Schiene 30–35 Minuten backen. Bei einer Stäbchenprobe darf ausnahmsweise ruhig noch etwas Teig am Stäbchen kleben – Brownies sollen lieber ein bisschen zu feucht als zu trocken sein. Den Kuchen abkühlen lassen und erst dann in Quadrate schneiden. Bis zum Verzehr im Kühlschrank lagern.

Karottenkuchen

Karottenkuchen gehört seit meinem Urlaub in Kanada zu meinen Lieblingen. Ich habe ihn auf einem Bauernmarkt probiert und die Verkäufer direkt nach dem Rezept gefragt. Das Ergebnis kann sich sehen lassen.

FÜR 1 SPRINGFORM (18 CM DURCHMESSER)

Zubereitungszeit
25 Minuten plus
1 Stunde Backzeit

FÜR DEN TEIG

200 g Karotten

150 g gemahlene Mandelkerne

2 Eier

50 g Erythrit gold (alternativ halb Erythrit/halb Xylit)

1 TL Ceylon-Zimt

1 TL Weinstein-Backpulver

1 Prise Salz

100 g zimmerwarme, sehr weiche Butter

Butter für die Form

FÜR DAS FROSTING

250 g Frischkäse (Doppelrahmstufe)

75 g zimmerwarme Butter

60 g Xylit

1 Prise Zimt

1 zarte junge Karotte für die Dekoration

1. Den Backofen auf 150 °C Umluft vorheizen. Die Karotten waschen, putzen, schälen und fein raspeln. Gründlich mit den übrigen Zutaten für den Teig vermischen. Eine Springform einfetten und den Teig hineingeben. Im Ofen auf der mittleren Schiene in etwa 1 Stunde goldbraun backen. Wenn die Oberfläche zu dunkel wird, mit Backpapier abdecken. Aus dem Ofen nehmen und auskühlen lassen. Den Kuchen aus der Form nehmen und mit einem Brotmesser waagerecht halbieren.
2. Für das Frosting den Frischkäse mit Butter und Xylit glatt rühren. Die Hälfte der Creme als Füllung auf dem Boden verstreichen. Den Deckel aufsetzen und leicht andrücken. Die Oberfläche mit der restlichen Creme bestreichen und mit Zimt bestreuen. Die Karotte für die Dekoration waschen, putzen und schälen. Mit dem Sparschäler längs in dünne Scheiben hobeln oder mit dem Messer in dünne Scheiben schneiden und den Kuchen damit verzieren. Bis zum Verzehr kühl stellen.

Sauerkraut-Schokokuchen

»In dem Kuchen ist Sauerkraut? Glaube ich nicht.« So oder so ähnlich fallen die Reaktionen aus, wenn jemand den Kuchen probiert. Und es stimmt, das Kraut schmeckt man nicht heraus. Aber es sorgt für die fabelhafte Konsistenz.

FÜR 1 SPRINGFORM (20 CM DURCHMESSER)

Zubereitungszeit
30 Minuten plus
50 Minuten Backzeit,
45 Minuten Abkühlzeit und
24 Stunden Ziehzeit

FÜR DEN TEIG

250 g Sauerkraut (aus der Dose)

125 g zimmerwarme Butter

200 g Erythrit gold (alternativ halb Erythrit/halb Xylit)

4 Eier

Mark von 1 Vanilleschote

150 g entöltes Mandelmehl

50 g Kokosmehl

1 Pck. Weinstein-Backpulver

1 Prise Salz

250 ml kalter Kaffee (alternativ Malzkaffee)

110 g Backkakao

Butter für die Form

FÜR DIE GLASUR

100 g Bitterschokolade (mindestens 85 % Kakaoanteil)

60 g Butter

60 g Schmand

1 Prise Fleur de Sel

1. Den Backofen auf 150 °C Ober- und Unterhitze vorheizen. Das Sauerkraut in ein Sieb geben und mit heißem Wasser abspülen. Gut abtropfen lassen und ausdrücken. Mit einem scharfen Messer sehr (!) fein schneiden. Es sollten keine Fäden mehr zu sehen sein.
2. Die Butter mit dem Erythrit in einigen Minuten mit einem Handmixer hell aufschlagen. Die Eier einzeln dazugeben und jeweils gut unterrühren. Vanille, beide Mehlsorten, Backpulver, Salz, Kaffee und Kakao unterrühren. Anschließend das Sauerkraut dazugeben und unterheben.
3. Eine Springform fetten, den Teig hineinfüllen und im Ofen auf der mittleren Schiene etwa 50 Minuten backen. Den Kuchen aus dem Ofen nehmen und komplett abkühlen lassen, dann aus der Form nehmen.
4. Für die Glasur die Schokolade grob hacken und mit der Butter in einen kleinen Topf geben. Langsam bei niedriger Temperatur schmelzen lassen. Schmand und 1 Prise Fleur de Sel unterrühren. Die Glasur auf dem Kuchen verteilen und glatt streichen.
5. Den Schokokuchen vor dem Verzehr mindestens einen, besser zwei Tage im Kühlschrank durchziehen lassen. Dazu schmeckt wunderbar geschlagene Sahne.

Cookies, Pancakes & Co.

Schoko-Walnuss-Cookies

Cookies sind nicht einfach nur Kekse. Cookies sind groß. Cookies haben extra dicke Schokostückchen. Cookies sind außen knusprig und innen saftig. Kurz – ich liebe Cookies. Und das Beste: Sie sind im Handumdrehen fertig.

FÜR 9 STÜCK
Zubereitungszeit
15 Minuten plus
14–16 Minuten Backzeit

90 g zimmerwarme Butter
100 g Erythrit gold (alternativ halb Erythrit/halb Xylit)
2 Eier
120 g entöltes Mandelmehl
1 kleine Prise Salz
2 TL Weinstein-Backpulver
75 g Bitterschokolade (mindestens 90 % Kakaoanteil)
100 g Walnusskerne

1. Den Backofen auf 160 °C Umluft vorheizen. Die Butter mit dem Erythrit und den Eiern mit einem Handmixer schaumig aufschlagen. Mandelmehl, Salz und Backpulver verrühren, zu der Buttermischung geben und kurz unterkneten.
2. Schokolade und Walnusskerne grob hacken und unter den Teig rühren. Jeweils 1 gehäuften EL Teig abnehmen und in den Händen zu einer Kugel rollen. Ein Backblech mit Backpapier auslegen und die Kugeln darauf platt drücken. Die Cookies im Ofen auf der mittleren Schiene 14–16 Minuten backen, bis die Ränder goldbraun werden. Aus dem Ofen nehmen und abkühlen lassen.

Peanutbutter-Jelly-Cookies

Erdnussbutter mit Konfitüre schmeckt nicht nur auf Toastbrot himmlisch gut. Wer die Kombination auch so liebt, sollte diese knusprigen Erdnusskekse mit fruchtigem Kern unbedingt mal testen.

FÜR 20 STÜCK
Zubereitungszeit
15 Minuten plus
15 Minuten Backzeit

250 g Erdnussmus
2 Eier
1 kleine Prise Salz
15 g entöltes Mandelmehl
1/2 TL Weinstein-Backpulver
90 g Erythrit gold (alternativ halb Erythrit/halb Xylit)
etwa 50 g zuckerfreier Fruchtaufstrich

1. Den Backofen auf 160 °C Ober- und Unterhitze vorheizen. Das Erdnussmus gut durchrühren und in eine Schüssel geben. Eier, Salz, Mandelmehl, Backpulver und Erythrit hinzugeben und alles zu einem Teig verkneten.
2. Jeweils knapp 1 EL Teig zu einer Kugel rollen und platt drücken. Auf ein mit Backpapier ausgelegtes Backblech legen. Mit dem Daumen mittig eine Mulde in den Teig drücken und jeweils 1/2 TL Fruchtaufstrich in die Mulde geben.
3. Die Cookies im Ofen auf der mittleren Schiene etwa 15 Minuten backen, bis die Ränder leicht Farbe annehmen. Abkühlen lassen und genießen.

Knusper-Kugeln

Diese kleinen Knusperkugeln sind perfekt für einen Energiekick zwischendurch – einfach bei Bedarf aus dem Kühlschrank stibitzen. Das Zusammenspiel der cremigen Schoko-Erdnussmus-Füllung und den gerösteten Mandeln ist traumhaft lecker. Aber Achtung: Nicht alle auf einmal wegknuspern!

FÜR 20 STÜCK
Zubereitungszeit
30 Minuten

100 g gehackte Mandelkerne
150 g Frischkäse (Doppelrahmstufe)
75 g Erdnussmus
50 g Erythrit gold (alternativ halb Erythrit/halb Xylit)
2 TL Backkakao

1. Die gehackten Mandelkerne in einer beschichteten Pfanne ohne Fettzugabe bei mittlerer Temperatur rösten. Abkühlen lassen.
2. Den Frischkäse mit dem Erdnussmus, dem Erythrit und dem Kakao glatt rühren. Mit einem Teelöffel jeweils etwas von der Masse abnehmen und in den Händen zu etwa 20 Kugeln rollen. Die Kugeln in den gerösteten Mandeln wälzen. In ein Vorratsglas legen und bis zum Verzehr im Kühlschrank lagern.

Cookie-Dough-Kugeln

Wer hat als Kind auch gerne vom Keksteig genascht? Roher Keksteig ist aber auch unwiderstehlich gut. Hier kommt mein Blitz-Rezept für kleine Soulfood-Kugeln, die einfach glücklich machen.

FÜR 10 STÜCK
Zubereitungszeit
5 Minuten

150 g entöltes Mandelmehl
40 g Erythrit gold (alternativ halb Erythrit/halb Xylit)
75 g zimmerwarme Butter
1 kleine Prise Salz
40 g gehackte Bitterschokolade (mindestens 85 % Kakaoanteil)
1 Prise Zimt

1. Alle Zutaten miteinander verkneten und zu etwa zehn Kugeln rollen. Bis zum Verzehr im Kühlschrank aufbewahren.

Tipp: Nach dem Kühlen kann man ein paar oder alle Kügelchen auch in geschmolzene Bitterschokolade tauchen. Wenn die Schokolade fest geworden ist, knackt es so schön beim Reinbeißen.

Pancakes

Wie könnte ein gemütliches Frühstück besser starten als mit süßen Pancakes? Dazu ein paar Scheiben knusprig gebratener Speck und ein oder zwei Spiegeleier und fertig ist ein American Breakfast, das garantiert lange satt und zufrieden macht.

FÜR 6 STÜCK
Zubereitungszeit
10 Minuten plus
40 Minuten zum Ausbacken und Braten

2 Eier
125 g Mascarpone
50 g entöltes Mandelmehl
25 g Erythrit gold (alternativ halb Erythrit/halb Xylit)
1 kleine Prise Salz
1 TL Weinstein-Backpulver
Kokosöl oder Butter zum Ausbacken

AUSSERDEM
etwas Butter zum Braten
4 Scheiben Frühstücksspeck
2 Eier

1. Die Eier mit dem Mascarpone glatt rühren. Mandelmehl, Erythrit, Salz und Backpulver vermischen und zu der Eimasse geben. Alles gut durchmixen.
2. 1 TL Fett in einer beschichteten Pfanne erhitzen und gut 1 EL Teig in die Pfanne geben. Mit einem Löffel etwas verstreichen und bei geringer bis mittlerer Temperatur backen, bis die Oberfläche zu stocken beginnt. Dann den Pancake umdrehen und von der anderen Seite fertig backen. Es ist besser, die Temperatur niedrig zu halten und dafür etwas länger auszubacken, die Pfannkuchen werden sonst schnell dunkel. Mit dem restlichen Teig genauso verfahren.
3. Während die Pancakes ausbacken, Speck mit etwas Butter in eine beschichtete Pfanne geben und knusprig braten (Fett nicht wegschütten!). Den fertigen Speck auf einem Küchenpapier abtropfen lassen. In derselben Pfanne Spiegeleier nach Belieben einseitig oder beidseitig braten. Bei Bedarf noch etwas Butter zugeben.
4. Pancakes und knusprigen Speck stapeln. Spiegelei als letztes daraufsetzen.

Tipp: Wer es fruchtig mag, verteilt ein paar Blaubeeren auf dem noch flüssigen Teig, sobald er in der Pfanne ist. Die Beeren behutsam in die Oberfläche drücken und sich über saftig-beerige Pancakes freuen.

Desserts

Zimtwölkchen

Ich liebe Zimt! Die Wölkchen sind ganz leicht und luftig und werden mit einer Frischkäseglasur verfeinert. Geschmacklich erinnern die Wölkchen an Zimtschnecken, nur eben ganz locker und fluffig.

FÜR 6 STÜCK
Zubereitungszeit
20 Minuten plus
30 Minuten Backzeit und
1 Stunde Kühlzeit

FÜR DEN TEIG
- 3 Eier
- 1 Prise Salz
- 1 TL Weinstein-Backpulver
- 100 g Frischkäse (Doppelrahmstufe)
- 20 g Erythrit gold (alternativ halb Erythrit/halb Xylit)
- 1 gute Prise Zimt

FÜR DIE GLASUR
- 60 g Butter
- 120 g Frischkäse (Doppelrahmstufe)
- 2 EL Xylit
- 1 TL Zitronensaft
- 1 EL süße Sahne
- Zimt zum Bestreuen

1. Den Backofen auf 145 °C Ober- und Unterhitze vorheizen. Die Eier trennen. Eiweiß mit Salz und Backpulver steif schlagen. Eigelb mit Frischkäse, Erythrit und Zimt glatt rühren. Den Eischnee locker unterheben. Ein Backblech mit Backpapier auslegen. Den Teig darauf locker zu sechs Kreisen aufhäufen. Im Ofen auf der mittleren Schiene etwa 30 Minuten backen. Abkühlen lassen.
2. Für die Glasur die Butter schmelzen und abkühlen lassen. Mit Frischkäse, Xylit, Zitronensaft und Sahne verrühren. Die Glasur über die Zimtwölkchen geben und mit etwas Zimt bestreuen. Bis zum Verzehr kalt stellen.

Cremiges Happy End

Cremig, sahnig, süß und fruchtig – so muss ein Nachtisch sein! Diese Süßschnabel-Rezepte eignen sich auch gut für größere Familienfeiern und Feste. Die Zutatenmengen können problemlos verdoppelt werden.

SPAGHETTIEIS-DESSERT
Für 6–8 Portionen
Zubereitungszeit
25 Minuten plus
12 Stunden Kühlzeit

750 g Erdbeeren
25 g Erythrit gold
400 g Frischkäse (Doppelrahmstufe)
400 g Sahnequark
75 g Xylit
1–2 EL Zitronensaft
500 g süße Sahne
1/2 TL Guarkernmehl
75 g zuckerfreie weiße Schokolade

JOGHURT-MOUSSE MIT BEEREN
Für 4 Portionen
Zubereitungszeit
10 Minuten plus mindestens
6 Stunden Kühlzeit

200 g süße Sahne
400 g Joghurt griechischer Art (10 % Fett)
90 g Erythrit gold
Mark von 1/2 Vanilleschote
200 g Beeren nach Wahl

SPAGHETTIEIS-DESSERT

1. Sechs bis acht schöne Erdbeeren für die Dekoration zur Seite legen. Den Rest waschen, putzen, klein schneiden und mit dem Erythrit mit einem Kartoffelstampfer zerkleinern oder mit einem Stabmixer pürieren.
2. Den Frischkäse mit Quark, Xylit und Zitronensaft glatt rühren. Die Sahne fast steif schlagen, Guarkernmehl zügig unterrühren und weitermixen. Die Sahne unter die Quarkmischung heben und die Creme in Schälchen oder kleine Gläser füllen. Das Erdbeerpüree auf der Creme verteilen. Die Schokolade fein hacken und auf die Erdbeerschicht streuen.
3. Das Dessert am besten über Nacht kalt stellen. Vor dem Servieren mit den beiseitegelegten Erdbeeren dekorieren.

Tipp: Das Rezept funktioniert auch mit tiefgekühlten Erdbeeren. Davon dann 600 g verwenden und vorher auftauen lassen.

JOGHURT-MOUSSE MIT BEEREN

1. Die Sahne steif schlagen. Den Joghurt mit dem Erythrit und der Vanille glatt rühren und unter die Sahne heben. Ein feinmaschiges Sieb mit einem sauberen Geschirrtuch auslegen und in eine etwas größere Schüssel hängen. Die Joghurtmischung auf das Tuch geben und für mindestens 6 Stunden, besser über Nacht kalt stellen.
2. Die Mousse auf eine Platte stürzen und das Geschirrtuch behutsam abziehen. Mit Beeren nach Wahl dekorieren und genießen!

Blaubeer-Käsekuchen-Creme

Lust auf Kuchen, aber keine Lust zu backen? Dann kommt dieser Käsekuchen im Glas genau richtig. Sahnige Frischkäsecreme geschichtet mit Blaubeersauce und dazu knuspriges Mandelkrokant – perfekt für den Sommer.

FÜR 4 PORTIONEN
Zubereitungszeit
30 Minuten plus
1 Stunde Kühlzeit

25 g gehobelte Mandelkerne

60 g Erythrit gold (alternativ halb Erythrit/halb Xylit)

125 g Blaubeeren (tiefgekühlt)

2 Prisen Guarkernmehl

200 g süße Sahne

300 g Frischkäse (Doppelrahmstufe)

Mark von 1/2 Vanilleschote

1. Die gehobelten Mandelkerne in einer beschichteten Pfanne verteilen und mit 20 g Erythrit gold bestreuen. Auf mittlerer Stufe langsam erhitzen, bis das Erythrit anfängt zu schmelzen. Vom Herd nehmen und abkühlen lassen.
2. Die Blaubeeren mit 10 g Erythrit in einen Topf geben und aufkochen lassen. 1 Prise Guarkernmehl in etwa 30 ml kaltem Wasser auflösen und unter ständigem Rühren in die heiße Blaubeersauce geben. Abkühlen lassen.
3. Die Sahne steif schlagen. Den Frischkäse mit dem Vanillemark und den restlichen 30 g Erythrit glatt rühren. Mit 1 Prise Guarkernmehl zur Sahne geben und nochmal kurz durchmixen.
4. Die Frischkäsecreme abwechselnd mit der Blaubeersauce in Gläser schichten. Das Mandelkrokant in Stücke brechen und auf der Creme verteilen. Bis zum Verzehr kalt stellen.

Schokoschnitten

Als Kind habe ich die Schnitten mit Cremefüllung geliebt. Jetzt habe ich sie wiederentdeckt. Sie schmecken sogar noch besser als das Original, denn: Der Teig ist schön weich und saftig. Eine tolle Kindheitserinnerung.

FÜR 1 ECKIGE BACKFORM (35 X 45 CM)
Zubereitungszeit
25 Minuten plus
15 Minuten Backzeit und
3 Stunden Kühlzeit

FÜR DEN TEIG

4 Eier

80 ml kohlensäurehaltiges Mineralwasser

70 g entöltes Mandelmehl

1 EL gemahlene Flohsamenschalen

1 TL Weinstein-Backpulver

3 EL Backkakao

90 g Erythrit gold (alternativ halb Erythrit/halb Xylit)

1 Prise Vanillepulver

1 Prise Salz

FÜR DIE FÜLLUNG

200 g süße Sahne

100 g Frischkäse

60 g Xylit

1 TL Agar-Agar

1. Den Backofen auf 175 °C Umluft vorheizen. Die Eier in einigen Minuten mit einem Handmixer hell und schaumig aufschlagen. Alle weiteren Teigzutaten hinzugeben und gründlich unterrühren. Eine eckige Backform mit Backpapier auslegen und den Teig darin verstreichen. Im Ofen auf der mittleren Schiene 15 Minuten backen. Den Kuchen aus dem Ofen holen und komplett auskühlen lassen.
2. Währenddessen für die Füllung die Sahne steif schlagen. Frischkäse und Xylit dazugeben und glatt rühren. Agar-Agar in 100 ml Wasser nach Packungsanleitung aufkochen und etwas abkühlen lassen. Die Sahne-Frischkäse-Mischung unterheben.
3. Den abgekühlten Kuchen aus der Form nehmen und waagerecht halbieren. Die Sahnecreme auf die untere Hälfte streichen, die obere darauflegen und leicht andrücken. Für mindestens 3 Stunden kalt stellen, dann in etwa zehn Schnitten schneiden und bis zum Verzehr wieder kalt stellen.

Tiramisu

Tiramisu ist eines meiner Lieblingsdesserts. Saftiger Kuchen, der mit Kaffee getränkt ist, dazu eine süße Creme aus Mascarpone mit einer feinherben Kakaodecke. Ein großartiger Abschluss für ein Menü oder auch eine tolle Begleitung zum Cappuccino.

FÜR 8 PORTIONEN
Zubereitungszeit
30 Minuten plus
30 Minuten Abkühlzeit plus
25 Minuten Backzeit plus
2 Stunden Kühlzeit

FÜR DEN TEIG

140 g entöltes Mandelmehl

50 g Erythrit gold (alternativ halb Erythrit/halb Xylit)

1 Prise Salz

1/2 Pck. Weinstein-Backpulver

3 Eier

100 g süße Sahne

FÜR DIE CREME

125 g Mascarpone

125 g Frischkäse (Doppelrahmstufe)

70 g Erythrit (alternativ halb Erythrit/halb Xylit)

300 g süße Sahne

100 ml abgekühlter extrastarker Kaffee oder Espresso

optional: 5 Tröpfchen Rum-Aroma oder 1 Schuss echter Rum

1 EL Backkakao

1. Den Backofen auf 160 °C Umluft vorheizen. Mandelmehl mit Erythrit, Salz und Backpulver trocken verrühren. Die Eier und 100 g Sahne dazugeben und unterrühren. Den Teig auf ein mit Backpapier ausgelegtes Backblech zu einem etwa 20 x 20 cm großen Quadrat streichen. Im Ofen auf der mittleren Schiene etwa 25 Minuten backen. Abkühlen lassen.
2. Währenddessen die Creme zubereiten: Dafür Mascarpone mit dem Frischkäse und dem Erythrit glatt rühren. Die Sahne steif schlagen und vorsichtig unterheben. Wer mag, mischt den Kaffee mit Rum-Aroma oder Rum.
3. Die Kuchenplatte in dünne Streifen schneiden und die Hälfte davon mit der Schnittkante nach oben in eine Auflaufform geben. Mit der Hälfte vom Kaffee tränken. Die Hälfte der Creme darauf verteilen. Den restlichen Kuchen auf die Creme legen, mit dem noch verbliebenen Kaffee beträufeln und die übrige Creme darauf glatt streichen. Mit Kakao bestauben. Für mindestens 2 Stunden, besser über Nacht kalt stellen.

Tipp: Wenn Kinder mitessen sollen, einfach koffeinfreien Getreidekaffee zum Tränken nehmen und den Rum weglassen.

Danke

Ich danke meiner wundervollen Mama, die mir gezeigt hat, dass Liebe immer die wichtigste Zutat ist. Du fehlst mir an jedem einzelnen Tag.

Ich danke meiner wunderschönen Tochter, die mein Leben so viel reicher macht und mir beibringt, Dinge mit ihren Augen zu sehen.
Ich liebe dich unendlich.

Ich danke meinem Seebär, der mir zeigt, wie wunderbar das Alltägliche gemeinsam sein kann. Danke, dass du an mich glaubst und die Wassermänner vertreibst.

Ich danke ganz herzlich dem Christian Verlag für die tolle Zusammenarbeit. Insbesondere Miriam und Steffi für die vielen aufmunternden und beruhigenden Worte und die ständig offenen Ohren. Außerdem noch ein großes Dankeschön an den Fotografen Ralf Niemzig für das schöne Umsetzen meiner Rezepte und die verlockenden Fotos.

Und nicht zu vergessen die Unterstützung und das Verständnis meiner Freunde. Insbesondere: Christiane – für unzählig viele liebe Nachrichten. Tanni – meine Schwester im Herzen. Nicole – mein Engel. Danke euch und allen anderen fürs Dasein.

Über die Autorin

Seit 2012 betreibt Anita Thomas den Foodblog »olles *Himmelsglitzerdings*«. Ihre Leidenschaft: süße Sachen und Sternchen. Auf Instagram und Facebook verzaubert sie ihre zahlreichen Follower nicht nur mit leckeren Rezepten, sondern auch mit ihrer unglaublich sympathischen Art.

Im Jahr 2016 stellt die Mutter einer Tocher (liebevoll »Glitzerkind« genannt) ihre Ernährung komplett auf Low Carb um. Seitdem geht sie nicht nur leichter durch den Alltag, sie hat auch zu einem ganz neuen Lebensgefühl gefunden – und zu einer neuen Liebe.

Impressum

Produktmanagement:
Miriam Sender Gorriz
Umschlaggestaltung, Layout und Satz:
Leeloo Molnár
Redaktion: Julia Voigtländer
Korrektur: Franziska Sorgenfrei
Repro: LUDWIGA:media
Herstellung: Anna Katavic

Text und Rezepte:
Anita Thomas
Fotografie:
Alle Fotos in diesem Buch stammen von Ralf Niemzig mit Ausnahme von
S. 4–5 shutterstock.com/Evgeny Karandaev
S. 9 shutterstock.com/sematadesign
S. 14 shutterstock.com/YARUNIV Studio
S. 17 shutterstock.com/Yulia Grigoyeva
S. 31 shutterstock.com/Elena Veselova
S. 19, S. 126: Anita Thomas
Foodstyling: Alex Maus

Printed in Slovenia by Florjancic

★★★★★

Sind Sie mit diesem Titel zufrieden? Dann würden wir uns über Ihre Weiterempfehlung freuen. Erzählen Sie es im Freundeskreis, berichten Sie Ihrem Buchhändler oder bewerten Sie bei Onlinekauf. Und wenn Sie Kritik, Korrekturen, Aktualisierungen haben, freuen wir uns über Ihre Nachricht an Christian Verlag, Postfach 40 02 09, D-80702 München oder per E-Mail an lektorat@verlagshaus.de.

Empfohlene Links:
www.himmelsglitzerdings.de
www.teewicht.de

Unser komplettes Programm finden Sie unter

www.christian-verlag.de

Alle Angaben in diesem Werk wurden von der Autorin sorgfältig recherchiert und auf den aktuellen Stand gebracht sowie vom Verlag geprüft. Lassen Sie sich im Zweifelsfall von einem Arzt oder Therapeuten beraten. Die im Buch enthaltenen Informationen ersetzen in keinem Fall ärztliche Hilfe oder Rat. Weder die Autorin noch der Verlag können für eventuelle Nachteile oder Schäden, die aus den im Buch gegebenen praktischen Hinweisen entstehen, eine Haftung übernehmen. Sollte dieses Werk Links auf Webseiten Dritter enthalten, so machen wir uns die Inhalte nicht zu eigen und übernehmen für die Inhalte keine Haftung.

Die Deutsche Nationalbibliothek verzeichnet diese Publikation in der Deutschen Nationalbibliografie; detaillierte bibliografische Daten sind im Internet über http://dnb.d-nb.de abrufbar.

ISBN 978-3-95961-386-6

Mitmachen & mitreden – gemeinsam mit uns Koch- und Ernährungsbücher gestalten!
Für Sie ist Kochen viel mehr als nur Zubereitung von Nahrung? Kochen ist Ihre Leidenschaft? Dann haben wir für Sie unser neues Christian-Verlag-Kundenpanel Koch- und Ernährungsbuch gefunden. Machen Sie mit:

http://christian-verlag.de/kundenpanel